DE LA SYRIE

CONSIDÉRÉE

SOUS LE RAPPORT COMMERCIAL.

Imprimerie de madame veuve Bouchard-Huzard,
7, rue de l'Éperon

DE

LA SYRIE

CONSIDÉRÉE

SOUS LE RAPPORT COMMERCIAL

PAR C. B. HOURY.

PARIS

ARTHUS BERTRAND, LIBRAIRE-ÉDITEUR,
LIBRAIRE DE LA SOCIÉTÉ DE GÉOGRAPHIE,
23, RUE HAUTEFEUILLE.

1842

A

MONSIEUR NOTHOMB,

MEMBRE DE LA CHAMBRE DES REPRÉSENTANTS,
ANCIEN AMBASSADEUR DE S. M. LE ROI AUPRÈS DE LA
CONFÉDÉRATION GERMANIQUE,
MINISTRE DE L'INTÉRIEUR, DU COMMERCE ET DE
L'INSTRUCTION PUBLIQUE, ETC., ETC.

MONSIEUR LE MINISTRE,

Quelque médiocre que puisse vous paraître l'hommage que j'ai l'honneur de vous offrir, en prenant la liberté de vous dédier ce petit ouvrage, j'ose espérer que vous ne le dédaignerez point; car ce qu'il y a de plus honorable pour l'homme d'État, c'est la conviction partagée par tous les bons citoyens, que le meilleur moyen de lui plaire est de travailler sans cesse à augmenter la gloire et la prospérité de leur pays.

De la Syrie.

Entraîné par la nature et la spécialité de mes occupations littéraires à faire une étude constante de l'histoire de l'Orient, à en observer avec attention l'état politique actuel, le commerce et l'espèce de réaction que semble y opérer aujourd'hui le contact de la civilisation occidentale, j'ai dû demander aux traditions quelle place avait jadis occupée chaque nation européenne dans ses rapports avec l'Asie, et ce n'est pas sans émotion que j'ai vu la Belgique figurer au premier rang parmi les peuples qu'avait illustrés la double gloire de la guerre et du commerce.

Lorsque chaque pays, l'œil fixé sur la Syrie, évoque ses vieux souvenirs et cherche à relier l'époque actuelle avec les temps antiques, pourquoi la Belgique n'imiterait-elle pas ce noble exemple, et pourquoi ne chercherait-elle pas à remplir le rôle qui lui appartient dans la croisade pacifique et industrielle qui se prépare, avec le même honneur et les mêmes avantages qu'elle obtint jadis dans les expéditions où l'appelaient sa vaillance et sa piété ? L'idée de sa vocation nouvelle est le sujet de cet ouvrage. L'intention patriotique qui l'a inspiré, fût-elle une erreur, serait peut-être excusable : mais si, au contraire, l'intérêt de la Belgique y a été sainement apprécié ; si la politique et le commerce ouvrent réellement en Orient une ère nouvelle et y préparent un avenir brillant pour mon pays, mon bonheur sera grand, monsieur le Ministre, d'avoir, l'un des premiers, montré à l'horizon le but national que doivent s'efforcer d'atteindre tous les Belges sincèrement dévoués à leur patrie, et vous ne regretterez pas, j'ose l'espérer, d'avoir, par une protection bienveillante, encouragé les travaux de l'homme de lettres et les espérances du citoyen.

Je suis, avec le plus profond respect,

Monsieur le Ministre,

Votre très-humble et obéissant serviteur,

C. B. HOURY.

INTRODUCTION.

Il est des contrées privilégiées, que la Providence semble avoir créées et disposées tout exprès pour servir de passage et de point de rencontre aux peuples les plus épars, les plus éloignés et les plus distincts par leurs mœurs, par leur langue, leur religion et leur position territoriale; qui sont nécessairement des marchés communs où affluent les productions variées de tous les climats, où viennent s'approvisionner toutes les nations commerçantes, en y apportant les produits superflus de leur sol ou de leur industrie.

Au nombre de ces contrées appelées par leur position géographique à offrir un point de contact et à former comme une sorte de lien entre les peuples, se trouve la Syrie. A ce nom, combien de souvenirs glorieux pour le commerce et l'industrie humaine se réveillent! C'était, en effet, sur les bords syriens que s'élevaient, dans l'antiquité, ces puissantes et fameuses cités d'Aradus, de Sidon et de Tyr, qui furent les entrepôts du commerce du monde, et qui, par leur opulence, acquirent une célébrité immortelle; c'est sur ces mêmes bords que les vaisseaux des républiques italiennes et d'autres États navigateurs de l'Europe allaient échanger, dans le moyen âge, les produits manufacturés des contrées de l'Occident, contre les soies, les parfums et autres précieuses denrées de l'Orient, qu'ils venaient distribuer aux ports de l'Italie, de la France, de l'Espagne et des Flandres, d'où elles s'écoulaient ensuite, par de nombreux canaux, dans le cœur de ces États, et jusque dans celui des nations les plus septentrionales de l'Europe ; car les navigateurs des Flandres et des villes hanséatiques transportaient, des ports belges, une grande quantité de ces marchandises de l'Asie au fond de la Baltique, pour en approvisionner la Russie, la Suède et la Norwége, qui les payaient au moyen des fourrures et des produits les plus voisins du pôle ; c'est enfin dans les marchés de la Syrie, qui forme comme le milieu du monde, que les peuples actifs et commerçants accouraient de l'Est et de l'Ouest, du Nord et du Sud, alors que la nature et la civilisation avaient comblé cette région des biens d'une terre féconde et du plus riche commerce de l'univers.

Ainsi, comme point intermédiaire de l'Asie, de l'Afrique et de l'Europe, la Syrie est, par son admirable position entre l'Anatolie, la Perse, l'Arabie et l'Égypte, une des grandes voies du monde commercial, et présente toutes les conditions nécessaires pour servir de centre commun aux rapports politiques et commerciaux des États chrétiens de l'Europe avec les États musulmans de l'Asie.

Mais si la Providence a créé sur la terre des positions particulières pour favoriser les relations des peuples, elle a laissé à ceux-ci le soin d'en comprendre la mission, d'en apprécier les avantages, de les occuper et de les faire valoir ; de sorte que la position la plus heureuse du globe, sous le rapport commercial, deviendra féconde ou stérile en bienfaits pour l'humanité, selon que la population qui s'y sera fixée sera douée d'intelligence, d'activité et d'un génie industriel, ou dépourvue de ces précieux dons de la nature.

Nous pouvons invoquer ici, à l'appui de ces observations, les témoignages de l'histoire. Toutes les fois que la Syrie devint le partage d'un peuple industrieux et capable de comprendre le rôle important qu'il est dans la destinée de ce petit coin de terre de jouer dans les transactions commerciales, que les besoins des nations créeront toujours entre l'Europe et l'Asie ; aussi longtemps que le commerce trouva, sur ses rivages et sur ses routes vers l'Asie centrale, des garanties de sécurité et de protection dans la civilisation, dans la moralité et la justice de ses habitants, comme dans la sûreté et la salubrité de ses rades, la Syrie fut le théâtre d'un commerce immense entre l'Orient et l'Occident, un marché commun d'approvisionnement et d'échanges pour les nations étrangères ; ses côtes furent garnies de magnifiques et vastes ports vers lesquels se pressaient des milliers de navires, couvertes d'entrepôts qui réunissaient les produits exotiques de tous les climats, et de cités opulentes où circulaient des commerçants de tous les pays , de toutes les nations , de toutes les religions.

Toutes les fois , au contraire , que la Syrie passa sous la domination d'un peuple ou d'un prince étranger à toute civilisation , à tous les principes du droit des gens, ennemi du commerce et de l'industrie, habitué à vivre de rapines, de pillages et de crimes ; toutes les fois qu'elle fut envahie et habitée par des hordes vagabondes qui rendaient ses côtes inhospitalières et faisaient de ce passage du commerce un véritable coupe-gorge; quand, enfin, pour comble de malheur, on vit la peste et la barbarie s'unir pour dominer en souveraines d'un bout de la Syrie à l'autre , transformer en ruines les ports et les cités, et changer une contrée que foulait une population compacte et heureuse en un désert; alors le commerce disparut devant tant de fléaux et chercha d'autres directions pour continuer ses relations productives avec l'intérieur de l'Asie et particulièrement avec l'Inde./L'Europe commerçante dut renoncer à diriger ses navires vers des parages devenus d'ailleurs dangereux par les pirates qui les parcouraient en grand nombre ; enfin la Syrie fut abandonnée au génie destructeur de ses nouveaux hôtes et de ses nouveaux maîtres, qui en eurent bientôt fait un lieu de désolation.

Néanmoins , tel est l'empire de l'intérêt sur l'homme, que la Syrie , malgré ses vieilles cités en ruines et ses ports presque détruits, ne cessa jamais d'être visitée par des commerçants européens qui ne craignaient pas de s'engager dans des lieux infestés de brigands, pour y acheter les produits de l'Inde, apportés par de rares caravanes qui ne s'avançaient qu'en tremblant vers les côtes de la Méditerranée, quand elles n'avaient pas été pillées et massacrées dans le désert de la Mésopotamie ou derrière les ruines de Palmyre.

Les derniers événements politiques et militaires qui ont été les conséquences du traité du 15 juillet, ont reporté les regards du monde commercial et politique vers l'Orient : la Syrie, ce pays si petit sur la carte et si grand dans l'histoire, fixe aujourd'hui de nouveau l'attention de l'Europe. Ce torrent de l'opinion et de l'activité humaine, que la découverte de la boussole et d'un autre hémisphère avait entraîné vers les rivages américains, semble refluer, par une réaction frappante, vers sa source antique, et l'humanité paraît méditer le noble et grand projet de rendre à la terre d'Asie les trésors de civilisation qui en découlèrent anciennement sur le monde. Heureuses les nations de l'Europe si un dessein aussi beau vient à se réaliser ! Heureux les peuples qui, restés recommandables dans les traditions des esprits de l'Orient, n'auront qu'à renouer la chaîne des temps antiques, et à répéter à la Syrie un nom que les échos du Liban n'ont pas entièrement oublié !

Un brillant avenir s'ouvre en Asie aux puissances qui sauront comprendre toute l'importance des relations qui vont s'établir en Orient pour le commerce européen. Le commerce ! C'est par lui que se rapprocheront des peuples éloignés ; c'est par lui que seront vaincus les derniers restes de la barbarie musulmane ; par lui s'accompliront les progrès de la civilisation que les uns cherchent exclusivement dans la religion, les autres dans la politique, d'autres enfin dans le réveil des peuples et l'esprit de révolution.

Faire voir aux grands industriels et aux habiles fabricants de mon pays qu'ils peuvent, qu'ils doivent profiter de la route commerciale que l'Angleterre s'occupe de tracer en Syrie ; signaler à la Belgique manufacturière des débouchés vastes et avantageux, tel est le but que je me suis proposé en publiant le résultat des études auxquelles je me suis livré sur l'état commercial de la Syrie, dans ses rapports avec les nations commerçantes de l'Europe.

La navigation des mers et des fleuves de l'Asie va introduire dans le droit des gens des avantages dont mon pays pourra jouir un des premiers. Les hautes conceptions industrielles des Belges, si heureusement fécondées par leur puissance productrice, leur assurent un rang honorable et des avantages certains dans cette nouvelle carrière de relations commerciales que les événements politiques de l'Orient viennent d'ouvrir aux nations européennes. Qu'ils se présentent donc avec confiance sur ce grand marché de l'Asie, où leurs produits manufacturés soutiendront avec honneur une noble lutte contre ceux des autres contrées de l'Occident ; car l'industrie belge est assez heureuse pour qu'un essor vigoureux puisse répondre à leurs espérances. D'un autre côté, le rang politique secondaire de la Belgique la met à l'abri des défiances que pourrait inspirer aux grands États commerçants une trop puissante rivalité. Par son roi, la Belgique a quelques titres à la protection de l'Angleterre; par sa reine, à celle de la France. Ces deux puissances, qui ont présidé à la constitution de notre patrie en État indépendant, doivent favoriser ses efforts pour fortifier sa nationalité et développer les éléments de richesse et de prospérité qu'elle renferme dans son sein. La haute sagesse et les belles qualités qui distinguent si éminemment notre auguste souverain, lui ont acquis l'estime et la considération des grands monarques de l'Europe. Jamais une occasion plus belle ne s'offrit à la Belgique pour cultiver à la fois ses intérêts et ses sympathies, et pour s'associer d'une manière généreuse et profitable à cette noble tentative de civilisation, destinée à porter à l'Orient les lumières, les sciences, les arts, que mènent à leur suite le commerce et l'industrie.

La profonde conviction où je suis, que c'est en effet au commerce qu'il appartient de devenir le grand civilisateur de l'Orient, m'a porté à diriger de préférence mes études sur le rôle que la Belgique serait appelée à remplir dans ce nouveau mouvement imprimé à notre ancien continent. Comparant alors le port d'Anvers aux plus beaux ports de la France et de l'Angleterre, interrogeant nos villes manufacturières, dont les produits trop parfaits inquiètent les départements du nord de la France; voyant dans les nouveaux débouchés de l'Asie un moyen assuré de ranimer notre marine et de perfectionner notre navigation, j'ai résolu de consigner dans ces pages, avec concision et clarté, un exposé de la situation commerciale de la Syrie, dans lequel j'ai rassemblé une foule de faits économiques et de renseignements commerciaux qui m'ont paru de nature à intéresser les grands producteurs belges, en faveur desquels je les ai recueillis et coordonnés le mieux possible.

Je leur communique ces faits et ces renseignements avec d'autant plus d'assurance et de plaisir, que c'est dans des documents officiels et d'une date de quatre ou cinq ans seulement, que je les ai puisés, ainsi que dans des notes qui m'ont été fournies par des voyageurs intéressés à se procurer, en Syrie, toutes les indications relatives au commerce et à l'industrie de ce pays, et qui, par amitié, ont bien voulu me faire part d'une foule de faits statistiques qu'il m'eût été impossible de connaître sans aller moi-même les recueillir sur les lieux, attendu qu'on ne les trouve dans aucun des innombrables ouvrages publiés sur la Syrie.

CHAPITRE PREMIER.

Aspect de la Syrie. — Fertilité et productions variées du sol.

La Syrie est bornée, au midi, par le désert de l'Arabie, au nord par le Taurus, à l'est par l'Euphrate et le désert, et à l'ouest par la Méditerranée.

Nous diviserons la Syrie en trois zones, formées et séparées par les hautes montagnes qui la traversent en courant parallèlement à la mer, et en projetant, à droite et à gauche, leurs rameaux coupés par de fertiles vallées (1).

La première zone, septentrionale, s'étend de l'Euphrate jusqu'au golfe d'Alexandrette, en suivant le mont Taurus, et jusqu'à l'embouchure de l'Oronte, à l'ouest, en suivant un rameau de cette montagne.

Le pays compris dans cette zone est riche en pâturages et renferme plusieurs villes importantes : Alep, Antioche, Alexandrette, Aïntab, etc.

(1) « La terre en possession de laquelle vous allez entrer n'est pas comme la terre d'Égypte ; mais c'est une terre de montagnes et de plaines. » *Deut.* XI, 10, 11.

Les Kurdes et les Turcomans, peuples nomades de l'Anatolie, issus de la race tartare, s'y transportent avec leurs nombreux troupeaux de moutons, de chèvres, de chevaux et de chameaux pour les faire paître dans les gras pâturages. Ces tribus errantes semblent, pour s'y fixer, renoncer à leurs courses vagabondes.

La deuxième zone comprend, dans son étendue, le Liban et l'anti-Liban, le littoral qui formait l'État phénicien, la Célésyrie et le bassin de l'Oronte. Cette zone s'étend du pic dominant la rive gauche de ce fleuve, pic que les anciens nommaient le *mont Cassius*, et que les Arabes nomment *Djebel-el-Akra* (la montagne chauve), jusqu'au pied du mont Carmel et jusqu'à la plaine de Damas. C'est dans cette zone centrale, le cœur de la Syrie, que l'Oronte et le Jourdain roulent leurs eaux, en se dirigeant, le premier vers l'ouest et le dernier vers le midi. L'Oronte qui, suivant la plupart des voyageurs, est le fleuve le plus remarquable de la Syrie, n'a guère que 60 lieues de cours, et, dans les jours brûlants de l'été, il ne présenterait qu'un lit complétement sec, si de nombreuses barres n'y retenaient ses flots. Profondément encaissé, il ne fournit de l'eau aux campagnes voisines qu'à l'aide de machines à roues placées sur ses bords; de là, dit-on, son nom moderne de *Nahr-el-Assi* (fleuve rebelle) qu'il a reçu des Arabes.

Le Jourdain, dont le nom ne se prononce pas sans quelque vénération par toute bouche chrétienne, coule, comme je viens de le dire, vers le sud. Ce beau fleuve, qui se replie sur lui-même, dit Pline, autant que le permet la nature du terrain, et se prête ainsi aux vœux des populations, se dirige comme malgré lui vers le lac Asphaltite, qui l'engloutit enfin, et en souille les eaux pures en les confondant avec ses flots pestilentiels. Limpide et majestueux dans sa course à travers les vallées, il se jette, dès leur première pente, dans un beau lac nommé, par quelques auteurs, Génésara, de 16 milles de long sur 6 de large, entouré de belles villes, Juliade et Hippo, à l'est, et au sud Tarichée, nom que plusieurs écrivains donnent au lac même; enfin, à l'ouest, Tibériade, renommée pour ses eaux thermales favorables à la santé (1).

C'est dans cette zone centrale que brillaient anciennement d'un imposant éclat les villes opulentes de Tyr et de Sidon, de Balbeck et de Palmyre, auxquelles Damas, dans les temps modernes, a succédé avec moins de puissance et de splendeur sans doute, mais avec assez de grandeur et d'éclat pour être encore aujourd'hui la ville la plus opulente, la plus

---

(1) *Amnis amœnus, et quatenùs locorum situs patitur, ambitiosus, accolisque se præbens, velut invitus Asphaltiten lacum dirum naturâ petit, à quo postremò ebibitur, aquasque laudatas perdit pestilentibus mixtas. Ergo ubi prima convallium fuit occasio, in lacum se fundit quem plures Genesaram vocant, XVI mill. passuum longitudinis, VI mill. latitudinis, amœnis circumseptum oppidis : ab oriente, Juliade et Hippo ; à meridie, Taricheâ, quo nomine aliqui et lacum appellant : ab occidente, Tiberiade, aquis calidis salubri.* Plin., ch. 13, liv. 5.

peuplée et la plus imposante de toute la Syrie. Là se pressent aujourd'hui des populations de mœurs, de croyances et de caractères divers : les Druses, les Maronites, les Métoualis, les Ansaries, etc. Villes et hameaux sont rangés sur les rives des deux fleuves qui sillonnent le pays dans deux directions opposées.

La troisième commence au mont Carmel, cap avancé, sur la Méditerranée, de cette longue chaîne de montagnes qui présente, à son extrémité mériridionale, le mont Sinaï dominant les rivages de la mer Rouge. Là s'élèvent Naplouse et Jérusalem, encore habitées par des populations juives et samaritaines ; l'espace se prolonge, à gauche, vers la mer qui baigne l'Égypte, à droite, vers les montagnes, le Jourdain et le désert.

Par cette troisième zone, la Syrie se rapproche de l'Égypte, dont elle n'est séparée que par le désert de Suez, que l'on traverse en quelques jours.

La Syrie nourrissait anciennement 16,000,000 d'habitants ; elle n'en compte pas 3,000,000 aujourd'hui.

D'après les témoignages de tous les voyageurs, cette contrée est un des pays les plus agréablement diversifiés du globe ; elle est l'abrégé de tous les climats. Les plantes qui croissent entre les tropiques prospèrent dans ses plaines et sur ses coteaux, et celles des régions les plus septentrionales s'acclimatent sur ses montagnes. Le Liban et l'anti-Liban entretiennent dans leurs flancs et sur leurs sommets une fraîcheur éternelle, tandis que les vallées qui s'é-

tendent à leurs pieds jouissent d'un printemps per-
pétuel. Les terres qui se refusent à la culture ne se
refusent pas à la végétation ; douées d'une fécondité naturelle, elles produisent spontanément le
thym, le serpolet, la marjolaine et toutes les
plantes aromatiques.

Aujourd'hui, la moitié de la Syrie, au dire de tout
le monde, est inculte et inhabité, et cependant elle
produit encore annuellement, dans son état de mi-
sère et d'abandon, plus d'un million de setiers de
blé, 12,000 cantars de tabac, 20,000 cantars de
coton, dont les deux tiers sont exportés à raison de
1,000 piastres le cantar ou 250 fr., ce qui donne
une somme de 5 millions de francs ; la culture de
la soie rapporte environ 2,000 cantars de ce riche
produit, qui se vend communément de 25 à 30 fr.
l'oke. Le cantar de Syrie pèse 180 okes de Constantinople, c'est-à-dire environ 280 kil. ; ainsi cette
branche d'industrie agricole rapporte à elle seule
pour près de 10 millions de francs. La Syrie ne consomme qu'un tiers de ses soies ; elle vend le reste
à l'Italie, à la France, à l'Angleterre, etc.

Telle est la fécondité du sol syrien, que le des-
potisme le plus ignorant, uni à la barbarie la plus
stupide, n'a jamais pu l'arrêter entièrement ; il a
dépeuplé les riantes vallées du pays et détruit la fer-
tilité qu'il devait à l'industrie de ses habitants ; mais
ses efforts ont été impuissants pour le dépouiller de
celle qu'il tient des mains de la nature.

Un voyageur qui mérite d'être cité pour l'exactitude et la véracité de ses observations, Olivier, a tracé un tableau complet de la Syrie , de ses productions variées et de ses ressources, qui prouve que ce pays justifie encore aujourd'hui le nom de *jardin et de bazar de l'Arabie* que lui donnaient anciennement les Orientaux. Voici ce tableau que je regarde comme assez intéressant pour être mis sous les yeux du lecteur.

« La Syrie offre tant de sites charmants, tant de productions différentes , tant de peuples divers , tant de villes anciennes, tant de lieux célèbres dans l'histoire : ici ce sont des peuples opprimés à côté d'hommes indépendants ; là ce sont d'indolents et stupides musulmans sur le sol des Aradiens, des Sidoniens et des Tyriens ; ce sont des Arabes indomptés sur le lieu qu'occupaient ces Israélites que l'histoire sainte nous peint si remuants , si tracassiers ; ce sont de chétives bourgades ou des tas de ruines à la place des villes les plus fameuses de l'antiquité ; ce sont des plaines fertiles , des vallons arrosés, des coteaux verdoyants , des montagnes couvertes d'arbres qui se perdent dans les nues ; ce sont des rochers presque inaccessibles , d'où coulent de légers ruisseaux ou des torrents impétueux, qui tantôt déracinent les arbres , tantôt répandent sur les terres un limon très-fertile. Ici c'est une fontaine qui verse une eau douce et abondante sur un sol desséché ; là ce sont des lieux sauvages, repaire de l'hyène, du lynx, du sanglier et du chacal ; plus loin, des précipices affreux , refuges de l'aigle, du faucon et du vautour. La Syrie est enfin un pays qui représente la zone torride au pied des monts, la zone tempérée à sa partie intermédiaire, la zone glaciale aux sommets les plus élevés.

« Aucune grande contrée, sur le continent, n'est plus circonscrite, plus facile à défendre, plus productive, plus capable de contenir une grande population, plus susceptible de renfermer un seul et même peuple, régi par les mêmes lois, dirigé par les mêmes mœurs, les mêmes usages, et aucune n'a été plus subdivisée, n'a contenu plus de nations diverses, n'a été plus troublée, plus bouleversée, n'a été la proie de plus de conquérants étrangers. Depuis Gaze et le lac Asphaltite, jusqu'au golfe d'Alexandrette et les portes syriennes ; depuis la Méditerranée jusqu'à l'Euphrate et le désert du nord de l'Arabie, dans un espace de 5 degrés de latitude et 3 de longitude, la Syrie contiendrait facilement quinze millions d'habitants : il n'y en a pas deux aujourd'hui.

« Que de productions nécessaires ou utiles à l'homme dans cet heureux climat ! quelle étonnante variété de sol et de température ! on y voit prospérer en même temps tous les fruits, tous les grains, tous les herbages d'Europe et la plupart de ceux d'Asie, d'Afrique et d'Amérique. La vigne et l'olivier, le mûrier et le cotonnier peuvent être, sur cette terre fortunée, une source inépuisable de richesses. Le figuier, l'amandier, le pistachier, y donnent des fruits délicieux. La canne à sucre y réussit complétement. Le poirier, le pommier, le prunier, le cerisier, l'abricotier croissent à côté de l'oranger, du dattier, du bananier. Les pins, les sapins, les peupliers, les cyprès, les cèdres, les sycomores et les chênes s'y montrent partout en abondance. Le chanvre et le lin, la garance et l'indigo, le nerprun et le henné végètent également bien, et sont cultivés, les uns au sommet des montagnes, les autres vers le rivage de la mer. »

Quoique la Syrie se trouve encore aujourd'hui sous la domination des sectateurs de Mahomet et gouvernée par des pachas dépendants du grand seigneur ; quoique des hordes de Bédouins et d'autres tribus nomades habitent encore sur ses frontières et poussent quelquefois leurs incursions jusque sous les murs d'Alep et de Damas, on peut cependant affirmer que le commerce n'y est plus exposé, comme autrefois, aux avanies des autorités locales ni aux attaques des tribus errantes. L'attitude imposante, prise en Syrie par les puissances chrétiennes, dans ces derniers temps, a produit cet heureux changement dans les habitudes des chefs musulmans et des peuplades du désert, à l'égard des commerçants européens. Il faut espérer que les derniers événements qui ont signalé l'intervention des gouvernements chrétiens en Syrie auront pour résultat définitif d'introduire dans la condition civile et sociale de cette contrée des modifications favorables aux progrès de la civilisation, et que les populations qui l'habitent ou qui l'avoisinent comprendront mieux chaque jour les avantages réciproques d'un commerce sûr et actif entre elles et les Européens.

L'importance commerciale de la Syrie a été parfaitement comprise par les nations industrielles de l'Europe; chacune d'elles y est représentée par des consuls qui favorisent et protégent leur commerce. Aucun pays n'est aussi peuplé d'agents consulaires. La France et l'Angleterre en ont dans toutes les places de commerce, et en augmentent chaque année le nombre.

CHAPITRE II.

Aperçu historique du commerce ancien de la Syrie.

Plusieurs passages de la *Bible* nous apprennent à quel degré de puissance et de richesse les villes du littoral phénicien étaient parvenues dans la plus haute antiquité (1).

La destruction de Tyr et la fondation d'Alexandrie par le héros de Macédoine portèrent, sans aucun doute, un grand coup au commerce syrien, mais elles ne l'anéantirent pas complétement. Les premiers Séleucides comprirent bientôt qu'ils ne

(1) Tyr était devenue comme la ville de commerce de toutes les nations.

.... Tyr, autrefois la reine des villes, dont les marchands étaient des princes, dont les trafiquants étaient les personnes les plus éclatantes de la terre. *Isaïe*, ch. 23.

O Tyr, qui, par votre grand commerce sur la mer, avez comblé de biens tant de nations différentes, qui, par la multitude de vos richesses et l'abondance de vos peuples, avez enrichi les rois de la terre. *Ézéchiel*, ch. 27.

pouvaient pas laisser Alexandrie jouir seule de l'héritage de Tyr, et qu'ils devaient, par tous les moyens, faire reprendre au commerce, au moins en partie, sa direction par leurs États. A peine Antioche fut-elle fondée par Séleucus Nicator, qu'elle devint la rivale de la célèbre capitale des Ptolomées. On vit alors une grande partie du commerce se reporter des bords du Nil sur les rives de l'Oronte, et le génie de Tyr revivre pour briller longtemps encore dans la ville de Séleucus. Tyr elle-même se releva de ses ruines et jouit d'une sorte d'indépendance sous la protection des rois de Syrie.

Les Romains, qui succédèrent à ces princes, s'appliquèrent, à leur exemple, à s'assurer des relations de commerce avec la riche et inépuisable contrée de l'Inde.

Vers la fin de la république et sous les empereurs, lorsque le luxe asiatique semblait déborder à Rome comme un torrent, on vit par l'influence du commerce de l'Orient tant de trésors s'accumuler dans la maison, sur la table et dans le costume des Romains, que leurs mœurs en reçurent une profonde altération; l'or, les perles, les pierres précieuses, tous les produits de l'Asie devinrent si communs à Rome et si indispensables à ses habitants, que Montesquieu attribue à cette circonstance le changement des institutions de l'empire; et Tacite raconte que Tibère répondit à ceux qui voulaient arrêter ces progrès effrayants du luxe: « La frugalité était bonne pour nos pères qui n'étaient que citoyens d'une ville;

mais nous aujourd'hui, nous consommons les richesses de tout l'univers. »

C'étaient surtout les richesses de l'Inde que les Romains aimaient à consommer, car Strabon dit qu'on employait de son temps cent vingt vaisseaux à transporter les marchandises de cette partie de l'Asie en Égypte, d'où Rome les recevait ; et Pline regrettait qu'on envoyât dans l'Inde 5o millions de sesterces par an, et que les marchandises que l'on en rapportait se vendissent avec un bénéfice de cent pour cent (1). Ces marchandises, qui consistaient principalement en riches étoffes et en objets de luxe, étaient en partie transportées de l'Inde par le golfe Persique, par la Babylonie et les villes de Palmyre et de Petra, sur les côtes de la Syrie, où les navires de Rome se rendaient pour les charger. Palmyre, cette riche et puissante ville du désert, dont l'organisation politique a échappé à l'histoire, fut, jusqu'à sa destruction par Aurélien en 273, le point de repos des caravanes parties du golfe Persique pour les ports syriens. Elle avait été, pendant des siècles, un des entrepôts les plus riches et les plus actifs de l'Asie. Ses ruines servent maintenant de retraite aux hiboux, aux chacals et aux voleurs.

Dans les siècles qui suivirent l'extinction de la puissance et de la domination romaines en Syrie, jusqu'à l'époque des croisades, le commerce de l'Eu-

______

(1) « *Digna res, nullo anno imperii nostri minùs H. S. quingenties exhauriente India, et merces remittente, quæ apud nos eentuplicato veneant.* » *Hist. nat.*, l. VI, chap. 23.

rope avec ce pays fut restreint dans d'étroites limites;
quelques navigateurs seulement pénétraient en tremblant dans ses ports, où ils n'étaient admis que par
tolérance, et d'où ils n'étaient jamais sûrs de pouvoir
sortir librement et sans avoir payé bien cher la faveur d'y aborder. Les chrétiens que la soif du gain
poussait dans des entreprises commerciales dans le
Levant, voyant assez souvent leurs spéculations
anéanties par le caprice d'un despote, n'étaient
guère tentés de recommencer des expéditions trop
hasardeuses.

Les guerres des croisades ouvrirent le marché de
la Syrie aux produits européens, et le signalèrent
au monde commerçant comme le but d'immenses
spéculations. Entreprises pour reconquérir le tom-
beau du Sauveur sur les musulmans, ces guerres
mémorables servirent en même temps à conquérir
de vastes débouchés pour les marchandises de l'Occident, et produisirent dans le commerce de la Méditerranée une révolution qui tourna à l'avantage
de l'Europe, au profit des arts et de la civilisation.

A peine les guerriers européens eurent-ils fait la
conquête de la Syrie, que l'on vit toutes les villes
du midi de l'Europe qui avaient contribué au triom-
phe de leurs armes ambitionner et réclamer la faveur d'établir des factoreries dans les principales
places du territoire conquis. Tous les États chrétiens
de la Méditerranée voulurent profiter de la domination des croisés dans la Palestine et sur le littoral

qui fut la Phénicie, pour y former des établissements de commerce, pour y fonder des espèces de
colonies indépendantes connues sous le nom de *loges*
ou de *fondouks*, et régies par des consuls de leur
nation. Ces communautés marchandes étaient éta-
blies dans des quartiers particuliers, qui leur étaient
réservés dans les ports ou au sein des villes importantes de l'intérieur, telles que Damas, Alep, etc.
Le nombre des commerçants européens qui, des
principaux États chrétiens, étaient allés se fixer
ainsi en Syrie, était devenu si grand au moyen âge,
qu'un écrivain du temps fait remarquer que ce pays
paraissait peuplé de Français, d'Italiens et de Flamands. La Méditerranée était couverte de navires
qui transportaient en Syrie les produits de l'Europe
ou les milliers de pèlerins qui allaient visiter le
saint sépulcre, et dont le nombre était si considérable, que les religieux de l'ordre du Temple et de
St-Jean de Jérusalem envoyaient chaque année,
en vertu d'un traité fait avec Marseille, quatre navires dans ce port pour y embarquer sur chacun
quinze cents pèlerins et tous les marchands qui se
présentaient, et néanmoins les navires des Marseillais, des Catalans, des Vénitiens, des Génois, des Flo-
rentins et des Pisans étaient également employés en
grand nombre au transport de ces pieux voyageurs.

Les croisades firent renaître pour la Syrie son
ancienne prospérité; redevenue, ainsi que l'Égypte,
le centre du commerce le plus étendu entre l'Europe et l'Asie, elle rappela au monde qu'elle avait

été la patrie des Phéniciens, des Tyriens et des Sidoniens.

Quoique, parmi les villes maritimes de l'Europe qui, en récompense des services rendus aux croisés, obtinrent des princes chrétiens de la Syrie des priviléges en faveur de leur commerce, Marseille se trouve en première ligne dans l'ordre chronologique et par l'importance des franchises dont cette ville jouissait sur les rivages conquis, cependant les Vénitiens furent de tous les navigateurs européens ceux qui se signalèrent le plus par leur commerce avec le Levant, et qui acquirent le plus de richesses et de puissance, grâce à leur bonne marine, à leur parfaite organisation consulaire et au soin qu'ils prenaient de s'assurer des positions commerciales partout en Orient.

Dès l'année 1130, le seigneur de Beyrouth accorda aux Marseillais l'exemption des droits d'entrée et de sortie avec la faculté d'établir des consuls dans ses États. Jean d'Ibelin, qui fut l'un de ses successeurs, renouvela ce privilége en 1223.

En 1136, les Marseillais obtinrent de Fouques, roi de Jérusalem, une exemption perpétuelle de toute espèce d'imposition dans ses États (1).

En 1152, Baudouin III, roi de Jérusalem, fit don aux négociants de Marseille d'une vaste maison dans sa capitale et d'une rue entière à Saint-Jean-d'Acre,

---

(1) *Donamus comuni Marselie Franchisiam per totam terram regni Jerusalem.*

en reconnaissance d'un service qu'ils lui avaient rendu en lui prêtant une somme d'argent.

En 1187, le comte de Montferrant, seigneur de Tyr, fit expédier à la ville de Marseille des lettres patentes qui l'autorisaient à se livrer au commerce dans la ville de Tyr sans payer aucun droit, et à y nommer un consul.

En 1190, Lusignan délivra également, aux négociants marseillais établis à Saint-Jean-d'Acre et dans d'autres places de son territoire , des lettres patentes qui renfermaient de précieux priviléges commerciaux.

Comme les flottes des croisés, leurs approvisionnements et leurs armes arrivaient , ainsi que les marchandises , dans le port de Saint-Jean-d'Acre, cette place était, à cette époque, un des marchés les plus animés et les plus importants de la Syrie. Aussi le commerce de Marseille déplora-t-il amèrement la perte de cette place, que le soudan d'Égypte, en 1290, vint reconquérir avec une armée de 200,000 hommes, sur les chrétiens, qu'il chassa de la ville, à l'exception des Vénitiens qui surent s'y maintenir, et dont il avait respecté les comptoirs. Cet événement eut de fâcheuses conséquences pour le commerce européen, et fut surtout funeste aux négociants de Marseille, qui attachaient une grande importance aux relations actives qu'ils entretenaient avec l'ancienne Ptolémaïs.

Enfin les Marseillais avaient pris une position très-favorable à leur commerce dans toutes les places de la Syrie qui dépendaient des seigneurs français, de la part desquels ils étaient l'objet d'une protection spéciale.

Si Marseille s'enrichit par son commerce avec la Syrie, il faut dire, à l'honneur de cette ville, qu'elle se montra, dans plusieurs occasions, reconnaissante envers les princes syriens, par l'appui desquels elle était parvenue rapidement à une haute fortune; plusieurs fois elle leur avança des sommes considérables d'argent pour soutenir leurs finances qui étaient rarement dans un état prospère.

Toutes les républiques italiennes, Venise, Gênes, Florence et Pise eurent soin de s'assurer également des priviléges en Syrie, et fondèrent bientôt des factoreries dans toutes les places qui dépendaient des rois de Jérusalem et des princes d'Antioche, de Tripoli, etc.

Les Vénitiens, plus aventureux, plus entreprenants et plus habiles que tous leurs rivaux, acquirent sur eux une supériorité marquée. Ils avaient acquis en Syrie une prépondérance telle, que l'on vit à Tyr et à Saint-Jean-d'Acre, en 1243, leur consul expulser de ces villes le consul que l'empereur Frédéric y avait établi. Presque partout ils agissaient en maîtres, parce qu'ils avaient l'empire des mers. Venise aspirait au monopole du commerce de l'Inde et cherchait à supplanter ses rivaux sur tous les marchés. Ses vaisseaux étaient dispersés en grand nombre sur la Méditerranée, autour des îles de l'Archipel, au fond de la mer Noire et dans les parages de l'Asie Mineure. Cette république s'éleva, par son commerce avec l'Égypte et la Syrie, aux plus hautes destinées commerciales.

On peut se faire une idée des immenses richesses que le commerce de Venise avec l'Asie par l'Égypte et la Syrie accumulait dans cette puissante cité, par ce fait que les galères vénitiennes qui revenaient du Levant rapportaient quelquefois, outre une certaine quantité de denrées levantines, une somme de 200,000 ducats. Nous lisons aussi, dans une lettre écrite par Paul Morosini au syndic Rimburg, à Nuremberg, que, de son temps, la république de Venise avait 24 grosses galères qui sillonnaient les mers et que l'on évaluait à 100,000 sequins au moins la valeur des objets que chacune de ces galères rapportait à Venise. En 1433, il sortit du port de Venise, dit Robert Lio, une escadre pour Beyrouth, une autre, avec des pèlerins, pour la Palestine, une pour la Barbarie, une pour Alexandrie, une pour la Flandre, une pour la Romanie et enfin une septième pour Aigues-Mortes, en France; or chacune de ces escadres se composait de six galères.

Nous voyons, par un grand nombre de documents, que les Catalans suivirent de près les Marseillais et les peuples de l'Italie sur les marchés de la Syrie et de l'Égypte, et qu'ils s'y livrèrent à des spéculations sur une si grande échelle qu'ils devinrent bientôt pour ceux qui les y avaient précédés des rivaux redoutables.

Dès la première moitié du xiiie siècle, la Catalogne recevait, par ses grosses *galies*, les épices, les aromes, les drogues médicinales, le coton brut et filé, l'ivoire et la porcelaine du Levant.

La seule ville de Barcelone, qui porta si loin le nom et la gloire des Catalans par le génie commercial et la puissance maritime qu'elle déploya au moyen âge, soutenait avec honneur, dans le Levant, la concurrence avec les républiques italiennes.

On trouve dans des actes publics de l'an 1227 une défense faite par le roi D. Jacques Ier à tous les étrangers d'embarquer dans le port de Barcelone des marchandises en destination pour la Syrie ou l'Égypte, tant qu'il y aurait un bâtiment national disposé pour le transport desdites marchandises.

Les Catalans attachaient une si grande importance à leurs relations commerciales avec le Levant, que, toutes les fois que la paix venait à cesser entre leurs souverains et les soudans, et qu'ils se voyaient forcés par là de suspendre leur commerce, ils s'adressaient au roi et le suppliaient instamment de faire la paix pour rétablir les communications et les rapports commerciaux avec l'Égypte et la Syrie. La représentation que la ville de Barcelone adressa, dans une circonstance semblable, au roi D. Alphonse V, en 1453, mérite d'être citée. Après avoir demandé le rétablissement de la paix et l'envoi de commissaires à Alexandrie, elle disait : *La guerre empêche de faire librement dans ce pays un commerce né-*

cessaire à la nation catalane, et qui est le principe
et la clef du commerce en général. En effet, une
fois les relations avec le Levant troublées, tout
autre commerce s'en ressent plus ou moins (1).

Le roi promit de faire tout ce qui serait compa-
tible avec son honneur. Quelques années après, la
paix fut conclue, et le commerce qu'elle ramena
dura jusqu'au milieu du xvie siècle.

Les draps formaient un des principaux articles
que les Catalans portaient dans le Levant : ils les
tiraient de la Flandre, de la France et de l'Italie.

Il me reste à faire connaître la part que prirent
les Belges au mouvement commercial qui se mani-
festa d'une manière si éclatante, dans le moyen âge,
entre l'Asie et l'Europe, à la suite des croisades.

Parmi les princes chrétiens qui se distinguèrent
le plus par de glorieux exploits dans ces guerres
saintes, l'histoire cite les noms de plusieurs guerriers
belges. C'est un prince belge qui, par sa bravoure et
ses talents militaires, fait tomber Jérusalem au pouvoir des croisés, et c'est ce même prince belge que tous
les chefs de l'armée chrétienne saluent et proclament
roi de Jérusalem. A la mort de Godefroy, c'est encore un Belge, Baudouin, frère de ce souverain, qui
est appelé à lui succéder. Enfin, quand les chrétiens se rendent maîtres de Constantinople, en 1204,
c'est un comte belge, Baudouin de Flandre, qui est
élu, aux vœux unanimes de tous les croisés, empereur de Constantinople.

(1) Capmani, tome v, *Charte 124e, de l'an 1453.*

Un fait digne de remarque, et dont les Belges peuvent être fiers, c'est que, de tous les princes chrétiens de la Syrie, il n'en est que deux dont les cendres aient été conservées religieusement en Palestine, jusqu'à nos jours, et ces cendres sont celles de deux Belges, Godefroy et Baudouin son frère. On montre encore aujourd'hui, au saint sépulcre, les tombeaux de ces deux princes à tous les Européens qui vont visiter les lieux saints. L'épée de Godefroy n'a jamais quitté le saint sépulcre, qu'elle semble encore protéger contre les profanations des musulmans. (1)

La Belgique ne se borna pas à fournir aux croisades des chefs habiles et pleins de vaillance, et à donner des rois et des empereurs à Jérusalem et à Constantinople; elle envoya encore en Syrie, outre ses riches seigneurs, un nombre considérable de guerriers qui s'y distinguèrent par leur valeur, et contribua, par de grandes sommes d'argent, aux frais de la guerre.

Un peuple qui avait si puissamment concouru à la conquête de la Palestine, et qui exerçait en Orient une influence politique prépondérante, pouvait obtenir facilement des rois de Jérusalem et des autres princes chrétiens de la Syrie, des priviléges et des franchises, en faveur de son commerce. Cependant les Belges n'en demandèrent point. Ils ne songèrent pas à exploiter, au profit de leur industrie, la position que leurs seigneurs leur avaient faite en Syrie. Une pensée religieuse, pure de toute spéculation, et un noble esprit chevaleresque portaient seuls leurs princes à s'illustrer en défendant la cause de l'Église et du christianisme en Asie.

Ce ne fut qu'après l'avénement de Baudouin au trône de Constantinople, que les navires flamands se montrèrent dans les parages de l'Orient. Les commerçants des Flandres ne fréquentaient pas les marchés du Levant. L'histoire ne mentionne qu'un négociant de Malines, Floris Berthault, qui commerçait directement avec l'Égypte et la Syrie, et qui correspondait avec Alexandrie, le Caire et Damas. Les succès de ce commerçant auraient dû pourtant engager ses compatriotes à faire des expéditions dans le Levant, puisqu'il était devenu, par ses grandes spéculations avec l'Égypte et la Syrie, l'homme le plus riche de son temps. On était ébloui, disent les historiens, de la quantité de perles et de pierres précieuses exposées dans sa maison, et Froissart dit de lui dans sa chronique : « *C'est le plus riche homme d'or et d'argent qu'on sache en nul pays, par les grands faits de marchandises qu'il mène par mer et par terre.* »

Néanmoins , par l'intermédiaire des villes de la Méditerranée , le commerce des Flamands se liait intimement à celui du Levant. C'est en partie des Flandres que ces villes tiraient les tissus de laine qu'elles expédiaient dans les ports musulmans , et c'est dans les Flandres qu'elles versaient une bonne partie des denrées levantines. Les navires italiens et catalans se rendaient tous les ans dans les ports flamands pour y déposer les marchandises de l'Asie et

y charger les riches tissus des Flandres , qui ser-
vaient , d'une manière avantageuse , aux échanges
avec le Levant. Outre les étoffes de laine et de soie,
l'industrie flamande produisait des toiles , des den-
telles, des cuirs, des armes, des instruments de fer
et de cuivre, etc., qui entraient également en assez
grande proportion dans les cargaisons destinées
pour l'Orient. Les draps de Bruxelles, dont Paris
faisait une si grande consommation, étaient expédiés de cette dernière capitale avec les draps français
pour les échelles de Syrie , de l'Asie Mineure , etc.

Je ne m'étendrai pas davantage sur les rapports
commerciaux de la Belgique avec le Levant dans
le moyen âge. La grande prospérité commerciale des
Flandres , la richesse et la supériorité de leurs produits sont connues.

Les établissements commerciaux, fondés en Syrie
par des Européens, en vertu des priviléges obtenus
des princes chrétiens, étaient placés sous la protection du saint-siége, et participaient, en quelque
sorte, du caractère sacré de la conquête, par la
sanction que les papes devaient donner à ces priviléges. Quand un seigneur ou un prince syrien
violait ses engagements envers une nation européenne, celle-ci adressait ses plaintes au souverain
pontife, qui enjoignait au seigneur ou au prince de
mauvaise foi d'exécuter les traités et de respecter
les priviléges. C'est de cette manière que les Génois,
en 1154 , obtinrent justice du comte de Tripoli et
d'Antioche, qui avait enfreint leurs priviléges con-

sulaires ; le pape Adrien adressa à ce seigneur un bref énergique , à la suite duquel les Génois purent exercer tous leurs droits dans ces deux échelles.

L'intervention du saint-siége dans les concessions des priviléges en Syrie et dans les relations commerciales de la chrétienté avec les États musulmans, bien que souvent nuisible aux intérêts des Européens , exerçait néanmoins toujours une influence favorable à la civilisation et à l'humanité, et quelquefois aussi avantageuse au commerce même. En effet, les bulles défendaient sévèrement la traite des esclaves, à laquelle des villes italiennes ne rougissaient pas de se livrer, et certains États, dont les relations commerciales avec des points du Levant avaient été rompues, durent au saint-siége l'avantage de pouvoir les rétablir et les maintenir.

Les Vénitiens seuls résistèrent aux bulles des papes et bravèrent leurs excommunications pour continuer de donner au monde le scandaleux et affligeant spectacle d'une nation civilisée et chrétienne se livrant au commerce barbare des esclaves, vendant aux Sarrasins des enfants, des adultes et des femmes, en même temps qu'elle leur fournissait des armes et des munitions pour combattre ses coreligionnaires.

Cette influence des papes sur le commerce de l'Europe avec le Levant, qui avait été si puissante dans les 12e, 13e et 14e siècles , s'affaiblit de plus en plus et cessa de se manifester au 15e.

Les établissements et les priviléges commerciaux

que les Européens possédaient en Syrie étaient le produit de la conquête, et ils devaient disparaître le jour où tomberaient les trônes des conquérants de la Palestine. C'est ce qui arriva, en effet, lorsque les mameluks, vers la fin du 13e siècle, envahirent la Syrie, pillèrent et détruisirent les comptoirs des chrétiens.

Cette invasion, qui plaça pour si longtemps la Syrie sous la domination du soudan d'Égypte, fut un événement bien funeste pour le commerce de l'Europe avec l'Asie, non-seulement par les pertes immenses que le pillage et la destruction des factoreries qui le signalèrent firent éprouver aux commerçants, mais encore par l'interruption assez longue qu'il amena comme conséquence immédiate dans les relations commerciales des nations chrétiennes avec le Levant, ainsi que par l'influence fâcheuse qu'il devait exercer dans l'avenir sur les spéculations et les transactions du commerce européen. La position des chrétiens en Syrie avait changé ; tous leurs priviléges, tous leurs droits fondés sur des traités étaient anéantis, et ils ne pouvaient plus recourir aux brefs des papes pour les faire respecter par les soudans. L'intérêt leur suggéra le seul parti qu'ils eussent à prendre pour rétablir leurs anciennes relations avec l'Égypte et la Syrie : ils entamèrent des négociations avec les nouveaux maîtres et conclurent avec eux des traités qui rouvrirent le marché du Levant au commerce de l'Europe. Ces traités étaient souvent violés par les soudans, qui ne se croyaient jamais liés envers les chrétiens. Sous le moindre prétexte, les marchands européens étaient expulsés avec leurs consuls des États musulmans, leurs magasins pillés et leurs établissements détruits. Tout cela n'empêchait pas les chrétiens de faire tous leurs efforts et de s'exposer même à des humiliations pour rétablir la paix entre eux et les soudans, afin de pouvoir continuer leur commerce et leurs expéditions comme auparavant.

Peu de temps après la prise de Constantinople, les Vénitiens renouvelèrent leur capitulation avec le soudan d'Égypte pour les échelles de l'Égypte et de la Syrie. Les stipulations humiliantes qu'ils jugèrent nécessaire d'y insérer, pour prémunir leur commerce contre les actes arbitraires des musulmans, montrent à quel abaissement l'orgueilleuse république des Lagunes était déjà descendue à cette époque, et à quelles avanies les commerçants chrétiens devaient s'attendre de la part des sectateurs du Coran, depuis qu'ils dominaient en Syrie et dans tout le Levant. Le consul de Damas stipulait, entre autres choses, dans le nouveau traité, *que les Francs ne pourraient être battus sans les ordres du seigneur Soudan* (1).

Les Européens continuèrent leurs relations commerciales avec la Syrie, sous l'empire de semblables traités, conclus avec les soudans, jusqu'à l'époque

---

(1) « *Che i nostri non possino da alcuna signoria esser batudi senza commandamento del Soldan.* » *Traité de Damas.* Marin, *Storia del commercio de' Veneziani.*

où la découverte du cap de Bonne-Espérance changea la direction du commerce et appela du sein de
la Méditerranée sur le vaste Océan tous les navigateurs des nations commerçantes, qui se portèrent
depuis directement sur les côtes de l'Inde même
et sur les rivages du nouveau monde.

CHAPITRE III.

Commerce d'échanges et population de la Syrie.

Indépendamment des étoffes de l'Inde et d'autres marchandises de cette contrée ou de la Perse, on exporte de la Syrie, pour l'Europe, les produits suivants :

Cotons en laine.

Soies brutes.

Laines.

Tabacs.

Vins. Le meilleur et le plus recherché est le *vin d'or*, du Liban.

Savon.

Garance.

Poils de chèvre.

Cire jaune. L'exportation pour l'Europe excède rarement 100 cantars. En 1838, le prix était de 3,000 à 3,200 piastres le cantar.

Éponges. Les fines se vendent de 130 à 150 piastres l'oke ; les moyennes, de 15 à 18.

Drogues médicinales.

Gomme arabique.

— adragante. On la reçoit de l'Anatolie, de Marasch et de la Mésopotamie. Prix, 5 à 6 piastres l'oke, sur la place d'Alep, où il n'y a jamais plus de 2 ou 3 cantars à la fois pour l'exportation.

Assa fœtida. On le tire de l'Inde et de Mascate par la voie de Bagdad. Prix, 10 à 12 piastres l'oke.

Scammonée. La plante qui la produit croît dans l'Anatolie et dans la Syrie septentrionale. Prix, 290 à 300 piastres le rottolo.

Peaux (de lièvre, de renard et de chacal). En 1836, on en exporta 18,000. Prix, 2 1/2 à 3 1/2 piastres la pièce. La France et l'Italie en consomment beaucoup pour la fabrication de chapeaux de fine qualité. On en exporte de Tarsous 300,000 par an.

Sésame.

Galles. Celles de Mossoul sont les meilleures. La récolte annuelle s'élève de 8,000 à 10,000 cantars. En 1836, 2,000 cantars de galles de Moussoul furent expédiés d'Alep pour l'Europe. Le prix est de 1,200 à 1,400 piastres le cantar, à Mossoul. En 1838, 700 cantars de ces galles furent expédiés pour Londres, 1,000 cantars pour Marseille et 300 pour les ports d'Italie.

Safran. La plus fine qualité vient de la Perse. Prix, 400 piastres l'oke. En 1836, la Syrie en reçut 250 okes; celui d'Erzeroum est d'une qualité inférieure. En 1836, il en fut exporté 63 cantars pour la France, au prix de 3,000 piastres le cantar.

Fruits secs.

Réglisse.

La Syrie reçoit de Perse les articles suivants, qu'elle livre à l'Europe :

Perles.

Pierreries.

Parfums.

Tapis.

Châles, etc.

(Voir, pour les autres articles, les tableaux d'exportation qui se trouvent dans les chapitres suivants.)

La Syrie reçoit de l'Europe les articles désignés ci-dessous :

Denrées coloniales.

Café. On demande beaucoup le Saint-Domingue.

Sucre brut et raffiné.

Clous de girofle, poivre, piment, cannelle.
Liége en planche, ouvré, bouchons.
Bois de teinture, de Fernambouc, acajou brut.
Indigo.
Riz.

Produits agricoles et manufacturés de l'Europe :

Soufre épuré.
Fer en barre, ouvré, fil de fer.
Clouterie.
Quincaillerie grossière. Cette branche de commerce, bien conduite,
    manque rarement d'enrichir, dans le Levant, le marchand
    qui s'y livre.
Bijouterie et joaillerie.
Étain brut.
Plomb brut.
Acier forgé.
Zinc coulé et laminé.
Cochenille.
Miroirs grands et petits.
Verrerie de toutes sortes.
Toiles blanches et imprimées.
De belles étoffes pour manteaux de femmes y seraient d'un prompt
    débit, si elles étaient d'un prix modéré.
Cotons filés et tissés.
Tissus de chanvre et de lin.
Draps pure laine. Ceux de France, de Belgique et d'Allemagne sont
    les plus demandés. Les leipsicks, dont les plus beaux se fa-
    briquent à Aix-la-Chapelle, ont supplanté les draps français.
    Les draps ne doivent pas être expédiés en balles, mais en
    pièces bien arrangées. Ce débit est plus favorable au petit
    marchand qui, le plus souvent, n'a pas le moyen d'acheter
    un ballot entier.
Casimirs.
Tissus de laine divers, couvertures, mérinos, etc.
Bonneterie de laine.
Étoffes de soie unies.

— mêlées d'or et d'argent fin.

   —   —   faux.

   —   — de laine et coton.

Crêpes.

Rubans de pure soie.

Armes blanches, armes à feu.

Papier à écrire et papier d'emballage.

Le papier destiné pour le Levant doit être fort et uni. L'Italie fournit cet article en grande quantité. Les papiers qui se débitent le plus en Syrie et ailleurs, en Orient, sont les plus communs, gommés ou non gommés, et les papiers grossiers destinés au vitrage et à l'emballage.

Cartes à jouer.

Peaux préparées, tannées et corroyées.

   — maroquinées et vernissées.

Ouvrages en acier, en plomb, en plaqué, en bronze.

Pendules.

Horlogerie.

Sellerie.

Mercerie.

Ouvrages de mode.

Parapluies en soie et en coton.

Meubles.

(Voir, pour les autres objets d'importation, les tableaux qui se trouvent dans les chapitres suivants.)

Population de la Syrie.

Les peuples orientaux ne tiennent point de registres de l'état civil et ne font jamais de recensement. On comprend dès lors combien il doit être difficile d'arriver à une appréciation exacte de la population. Aussi, tous les voyageurs qui se sont occupés d'en déterminer le chiffre, diffèrent-ils entre eux dans leurs évaluations. On peut, toutefois, en prenant pour base les rôles des impôts, et en comptant d'après les différentes religions ou sectes, évaluer approximativement le nombre des habitants de chaque localité. En procédant ainsi, on obtient pour la Syrie un chiffre total d'environ 2,800,000 âmes, réparties entre les différents cultes comme suit :

1,700,000 musulmans,
  800,000 chrétiens,
   80,000 druses,
   40,000 métoualis,
   40,000 ismaélites,
  140,000 israélites, ansaris, iézédis et autres petites tribus idolâtres.
____
2,800,000

Les tribus nomades qui s'étendent sur la limite du désert ne sont pas comprises dans ce chiffre.

CHAPITRE IV.

Échelles ou ports de Syrie.

Beyrout.

Beyrout est aujourd'hui l'échelle la plus sûre, la plus importante et la plus fréquentée de toute la Syrie ; elle sert d'entrepôt pour toutes les marchandises asiatiques et européennes qui s'échangent et s'expédient par la voie de Damas, dont elle est le port naturel.

Beyrout a une population de dix mille âmes et renferme beaucoup de maisons de commerce européennes. Toutes les nations commerçantes y sont représentées par des consuls.

Une caravane chargée de marchandises part, deux fois par semaine, pour Damas, située à trente heures de marche.

« Le territoire de Beyrout, dit Michaud, dans sa *Correspondance d'Orient*, m'a offert une physionomie à laquelle je ne m'attendais point, accoutumé que j'étais aux aspects sévères de la Palestine. Un pays tout nouveau et qui ne ressemble nullement à tout ce que j'avais vu en terre sainte s'est déployé à mes yeux avec une étonnante magnificence. Une terre rouge et grasse s'étend, sur un long espace, entre le Liban et la mer ; du côté méridional, une belle forêt d'oliviers, comme celle que j'avais vue aux environs de Gaza et d'Athènes ; plus près de Beyrout, de vastes plantations de mûriers, grand nombre de palmiers, un bois de pins, de longues allées de nopals, plus de trois cents maisons de campagne répandues au milieu de jardins à peu près comme les *bastides* autour de Marseille ; à l'orient, le penchant verdoyant des montagnes couvert de villages et de monastères ; à l'occident, l'immense azur de la mer de Syrie : ce sont là des indications à l'aide desquelles vous pouvez imaginer quelque chose de la beauté de cette perspective, qui devient grande et sublime par l'aspect des montagnes du Liban. »

Les importations de Beyrout s'élèvent, année commune, de 10 à 12 millions de francs ; ses exportations, de 6 à 7 millions.

De 1824 à 1837 inclusivement, le port de Beyrout a reçu 285 navires sous pavillon anglais.

En 1836, le port de Beyrout a reçu 79 navires, jaugeant 6,339 tonneaux. 14 de ces navires, du port de 2,177 tonneaux, appartenaient à la France, et 26 à la Grèce. Il est sorti de ce même port, durant ladite année, 45 navires, jaugeant ensemble

6,339 tonneaux , dont 13 , formant 1,913 tonneaux , portaient le pavillon français.

La navigation de caravane de cette échelle a employé également, à l'entrée et à la sortie, 2,445 navires , jaugeant 141,518 tonneaux , dont 55 , de 8,192 tonneaux , étaient français.

Les importations de Beyrout se sont élevées, pendant cette même année, à 16,517,500 fr. Les exportations ne sont évaluées qu'à la somme de 9,046,400 fr.

Les principaux articles des exportations de Beyrout consistent en :

Soie, pour une valeur de		3,076,300 fr.
Tombac,	—	1,326,600
Coton,	—	781,200
Tabac,	—	632,400
Galles,	—	378,000
Matières d'or et d'argent,		448,600
Gommes,	—	122,300
Fruits secs,	—.	102,100
Perles,	—	100,000

Les importations se composaient principalement des objets suivants :

Tissus de laine, soie, coton, draps, etc., pour une valeur de		8,186,300 fr.
Grains et farine,	—	1,820,100
Coton filé,	—	810,500
Matières d'or et d'argent,	—	766,400
Quincaillerie,	—	710,800
Café,	—	521,800
Sucre,	—	322,200
Papier,	—	281,300
Faïence et verrerie,	—	272,300
Cochenille,	—	248,700
Indigo,	—	219,960

La France a envoyé à Beyrout, en 1836, pour 2,875,600 fr. de diverses marchandises, parmi lesquelles figuraient des tissus de laine, de soie et de coton pour une valeur de 1,062,600 fr. Elle a tiré de cette échelle, durant la même année, pour 2,780,900 fr. de produits syriens, au nombre desquels figuraient la soie pour 1,433,700 fr. et le coton en laine pour 548,300 fr.

Les relations commerciales de Beyrout avec Marseille acquièrent tous les jours plus d'importance.

Les négociants européens établis dans les ports de la Syrie doivent s'attacher spécialement à régulariser l'approvisionnement des marchés en produits d'Europe. Le placement de ces produits à l'intérieur regarde les commerçants arabes, qui sont les intermédiaires naturels entre les étrangers et les indigènes. Ces derniers possèdent mieux l'intelligence des besoins, des fantaisies et des ressources de la consommation syrienne. Les Européens, au contraire, apprécient avec plus d'exactitude les ressources de l'industrie de leur pays et ses moyens d'exécution.

Les manufacturiers et les négociants doivent, dans la fabrication et l'expédition des marchandises qu'ils destinent aux contrées de l'Orient, se plier aux goûts et aux caprices des populations, et tenir compte des divers accidents de leur existence.

Nombre des vaisseaux qui sont entrés dans le port de Beyrout, en 1835, 1836 et 1837.

	Vaisseaux.	Nombre.	Tonnage.
En 1835.	Anglais,	27	3,373
—	Autrichiens,	32	6,181
—	Français,	14	2,128
—	Grecs,	97	7,383
—	Sardes,	30	4,720
—	Toscans,	5	719
—	Ottomans,	1,125	52,383
—	Russes,	11	1,576
	Total.	1,341	78,463

	Vaisseaux.	Nombre.	Tonnage.
En 1836.	Français,	36	5,441
—	Anglais,	13	1,807
—	Autrichiens,	19	3,050
—	Russes,	3	430
—	Égyptiens,	134	20,234
—	Sardes,	34	5,756
—	Grecs,	108	6,560
—	Maltais,	6	586
—	Ioniens,	3	387
	Total.	356	44,251

	Vaisseaux.	Nombre.	Tonnage.
En 1837.	Français,	49	8,121
—	Anglais,	13	1,651
—	Autrichiens,	9	1,603
—	Russes,	2	128
—	Sardes,	8	1,280
—	Grecs,	48	1,872
—	Égyptiens,	340	» inconnu.
—	Maltais,	2	297
—	Ioniens,	1	49
	Total.	472	15,001

De la Syrie.

Quantité de soie écrue exportée de Beyrout en 1833-34-35 et 1836.

EXPORTATION de soie de Beyrout en 1833-34-35 et 1836, calculée en francs, à 4 piastres.

	1833.		1834.		1835.		1836.		Total en 4 ans.	
	Balles.	Francs.	Balles.	Francs.	Balles.	Francs.	Balles.	Francs.	Balles.	Francs.
En France..........	193	262,450	651	1,302,300	338	507,000	826	1,436,684	1,968	3,505,134
Égypte.........	317	545,200	613	1,226,000	592	889,300	590	1,025,705	2,112	3,686,205
Angleterre........	»	»	44	88,000	»	»	3	5,220	47	93,220
Grèce..........	»	»	2	4,000	»	»	»	»	2	4,000
Sardaigne........	»	»	»	»	»	»	»	»	»	»
Toscane.........	59	102,000	131	262,000	72	109,125	334	581,227	596	1,054,352
Turquie.........	4	6,000	10	21,000	27	40,350	»	»	41	67,350
Autriche	9	16,500	13	26,000	6	10,287	7	30,485	45	83,272
Total dans chaque année..	582	932,150	1.464	2,929,300	1,035	1,556,062	1,760	3,079,321	4,811	8,493,533

Alexandrette.

Cette échelle, qui est le port naturel d'Alep et de toute la Syrie septentrionale, a l'avantage d'être voisine de la Caramanie, contrée où l'on récolte une grande quantité de coton et de laine.

Les navires ne fréquentent guère le port d'Alexandrette en été, à cause des chaleurs accablantes qu'on y éprouve, et qui y sont fort dangereuses pour la santé. C'est au printemps qu'il est ordinairement visité par les navigateurs.

En 1836, l'Angleterre a importé, sur des navires anglais jaugeant ensemble 1955 ton., des marchandises pour   2,980,700 fr.

Elle a exporté, sur 5 navires jaugeant ensemble 647 ton., pour la somme de   626,000 fr.

La France a importé à Alexandrette, dans la même année, sur un seul navire de 240 ton., des marchandises pour la somme de   750,000 fr.

Le commerce français a reçu de cette échelle, par 3 navires français, jaugeant ensemble 432 ton., des marchandises pour   687,500 fr.

La Sardaigne, par un navire de 160 ton., a envoyé des marchandises pour la somme de   30,000 fr.

La Sardaigne a reçu, par 3 navires jaugeant ensemble 460 ton., pour   450,000 fr.

Un navire toscan de 188 ton., a chargé dans cette échelle, pour Livourne, des marchandises s'élevant à   307,500 fr.

En 1837, l'Angleterre a importé dans cette échelle
pour la somme de   3,744,375 fr.
La France pour   385,975
L'Italie (Gênes et Livourne) pour   340,790
La France a exporté pour   111,125
L'Angleterrre pour   42,750

Latakié.

En 1835, cette échelle a importé, sur 102 navires,
des marchandises pour   2,525,000 fr.
Elle a exporté   1,036,500
En 1836, 106 navires ont importé, à Latakié, des marchandises
pour   3,025,000
102 navires en ont exporté pour 760,200
En 1837, ses importations se
sont élevées à   2,020,000
Ses exportations à   1,000,000

Tripoli.

La rade de Tripoli offre un mouillage peu sûr;
le fond est un banc de rochers qui usent et cou-
pent les câbles des navires.
En 1835, ce port a importé pour 341,300
Il a exporté   503,400
En 1836, il a reçu pour   90,000
Il a exporté   934,000
En 1837, ses importations se sont
élevées à   553,500

Ses exportations à   450,000

Dans ces trois années, l'Angleterre n'a pas envoyé un seul navire dans cette échelle.

Dans ce même espace de temps, la France y a envoyé 27 navires.

Le commerce de Tripoli consiste en éponges, en soie, coton et tabac. Elle est le principal débouché des soies du Kesrouan.

Saint-Jean-d'Acre.

Le port de Saint-Jean-d'Acre n'est pas fort profond; il ne peut admettre que des bâtiments d'un faible tonnage.

La rade est fort dangereuse en hiver, et la plage est souvent, dans cette saison, couverte de débris de navires.

Cette échelle est fréquentée par les navires français, italiens et autrichiens. Les Anglais ne s'y rendent que rarement.

Caïffa.

Ce port est situé à trois lieues de Saint-Jean-d'Acre, au pied du mont Carmel, entre cette montagne et la mer. Caïffa est le principal débouché des huiles et des cotons du district de Naplouse. Son commerce s'accroît de jour en jour, malgré les dangers auxquels sont exposés les navires dans sa rade.

Caïffa a importé directement en France, pendant

à l'année 1836, la quantité de 7,439 balles de coton pour une valeur de 1,031,600 fr.

Jaffa.

Jaffa a également envoyé en France, durant la même année, 950 balles de coton et 21 barils de bitume.

Le commerce de Marseille avec la Syrie est aujourd'hui en progrès. « Les importations actuelles de ce port pour la Syrie, dit Jules Juliani, à qui j'emprunte les tableaux suivants, s'effectuent par une douzaine de navires de 120 à 220 tonneaux, dont les chargements sont répartis dans la proportion suivante : deux tiers pour Beyrout, un quart pour Alep et un douzième pour Tripoli.

En voici l'évaluation approximative :

500 surons cochenille,	1,000,000 fr.
500 ballots draps intermédiairement fin,	1,000,000
150 caisses bonnets,	180,000
250,000 kil. sucre raffiné et en poudre,	225,000
300,000 kil. café,	450,000
50,000 kil. poivre,	50,000
30,000 kil. piment, girofle, cannelle, etc.,	60,000
100 colis soiries, dorures, etc.,	300,000
100 colis tissus de coton, de laine, etc.,	100,000
Drogueries diverses, bois de teinture, rocou, alun, couperose, papiers, etc.,	135,000
	——————
	3,500,000 fr.

Retour.

1,200 balles soie, à 1,800 fr. la balle,	2,100,000
2,400 sacs galles, à 250 fr.,	600,000
3,500 balles coton de Chypre, Adana et Syrie,	
à 180 fr.,	630,000
1,000 colis laine, safranum, laine de chevron,	
cuivre vieux, droguerie, etc.,	200,000
Matières d'or et d'argent et perles fines,	2,410,000
	6,000,000 fr.

La différence entre les importations et les exportations (2,500,000 fr.) se solde par des lettres de change sur l'Angleterre, ou par des envois de marchandises étrangères qu'on fait expédier des lieux de production, telles que cotons filés, toileries anglaises, suisses, etc. Quelquefois aussi, les maisons de Syrie donnent ordre d'expédier, pour leur compte, aux Indes orientales, par Londres ou par Bordeaux, des merceries d'Allemagne, etc.

Le commerce avec la Syrie est susceptible d'extension. Le sol, mieux cultivé, y produirait de bien plus grandes quantités de soie et de coton; mais il faut pour cela l'ordre et la paix.

Nos exportations pour la Syrie seraient plus considérables, si nos fabricants savaient étudier et saisir les goûts du pays dans la confection des tissus qui y sont envoyés. L'Angleterre, depuis cinq ans, a triplé ses exportations en Syrie, composées, en grande partie, de cotons filés et de tissus.

CHAPITRE V.

Alep.

Malgré sa situation sur un plateau stérile dominant cette immense plaine qui s'étend de l'Oronte à l'Euphrate, dans la zone septentrionale, la ville d'Alep, la plus populeuse de la Syrie après Damas, s'est acquis en Orient et en Europe une grande réputation par son industrie, par ses richesses et par le commerce actif qu'elle entretient avec les pays du Diarbekir, de l'Arménie, du Kurdistan, de la Perse, etc. Elle passe aussi pour l'une des villes les plus agréables, les plus propres et les mieux bâties du Levant. Les chrétiens et les musulmans qui l'habitent ont la réputation d'être polis envers les étrangers et d'être les plus civilisés non-seulement de la Syrie, mais encore de tout l'empire ottoman. Les négociants européens, dit un célèbre voyageur, Volney, ne jouissent dans aucun autre lieu d'autant de liberté et de considération de la part du peuple.

La ville d'Alep a dû s'élever, dans l'antiquité, à un très-haut degré de prospérité commerciale. Située à 25 lieues de l'Euphrate et à une distance à peu près égale de la Méditerranée, et présentant un point central de réunion pour les caravanes du golfe Persique, du Diarbekir et d'autres contrées de l'Asie qui voulaient se diriger vers la Syrie et s'approcher de ses côtes, elle devait former un entrepôt commode et important pour les marchandises que la Perse et l'Inde envoyaient à l'Égypte et à l'Italie.

Ce fut sans doute cette position favorable d'Alep sur une des grandes routes de l'Inde, entre la mer et le désert, et l'état florissant de son commerce, qui portèrent Alexandre le Grand à choisir le golfe d'Aïas, à l'extrémité de la Méditerranée, pour fonder la ville d'Alexandrette, qui est le port naturel d'Alep, quoiqu'elle en soit éloignée de 30 à 35 lieues.

Alep communique avec le golfe Persique par Bassora, ville très-commerçante, que le calife Omar, pour faciliter le commerce de l'Inde, fonda sur la rive occidentale du Grand-Courant, non loin du golfe Persique; avec l'Égypte et la Mecque, par Damas, et avec l'Europe, par Alexandrette, que les Orientaux appellent *Scanderoun*.

Une route partant de la mer Caspienne et passant par Tauris, Merdin et Orfa, mettait Alep en communication avec l'Arménie, le Kurdistan et tout ce qui avoisine le Caucase. Les marchandises de la Tar-

tarie, de la Chine et de l'Inde septentrionale y étaient apportées par les caravanes de la Boukharie et du Caboul. Le commerce entre ce dernier pays et Alep était si habituel, que les négociants y donnaient le nom de *caboul* aux marchandises de l'Inde ; de même que, dans l'Inde, la plupart des productions européennes servant aux échanges étaient connues sous le nom d'*alep*.

La ville d'Alep était devenue si importante au moyen âge, que les Vénitiens, dont elle formait le principal entrepôt en Syrie, y possédaient quarante comptoirs, protégés par un consul qu'on renouvelait tous les cinq ans.

Alep brilla de ce vif éclat qu'elle devait aux Vénitiens jusqu'à l'époque où *Vasco de Gama*, guidé par la boussole, découvrit, en 1497, un nouveau passage aux Indes orientales par le cap de Bonne-Espérance. Néanmoins elle conserva toujours une grande importance commerciale, même après cette découverte qui changea la direction du commerce de l'Inde. En 1670, les Hollandais avaient encore beaucoup d'établissements à Alep, et plusieurs autres nations commerçantes de l'Europe y possédaient également, à cette époque, des factoreries.

Quoique la ville d'Alep soit aujourd'hui bien déchue de la splendeur et de l'opulence qui la rendirent autrefois si célèbre, elle présente néanmoins encore une image de vie et d'activité commerciale qui frappent d'étonnement le voyageur, et qui mérite de fixer l'attention des manufacturiers et des grands commerçants de la Belgique. De toutes les places de commerce de la Syrie, elle est encore aujourd'hui la plus importante et celle où il se trouve le plus grand nombre de commerçants européens établis. On y fait un grand commerce de savon, de soie, de fourrures de zibeline, de cotons filés, laines de chèvre, cuirs de maroquins et autres, d'eau rose, qu'on exporte en grande quantité en Égypte, de pistaches vertes, dont elle fournit presque tout l'Orient et l'Occident. Les figues et les grenades d'Alep sont recherchées pour leur douceur et leur grosseur.

Cette place, qui peut être considérée comme le marché du nord de la Syrie, sert encore d'entrepôt aux marchandises de l'intérieur et de l'ouest de l'Asie, surtout à celles de l'Inde, qui y sont apportées par la voie du golfe Persique, puis par celle de Bagdad, à l'aide de caravanes.

On évalue la population d'Alep à	80,000 âmes.
Celle de sa banlieue à.	5,000
Celle des villes voisines à.	70,000
Celle des districts ruraux à.	40,000
Total.	195,000

Le commerce, que les Kurdes et d'autres tribus avaient forcé, en pillant les caravanes, il y a un petit nombre d'années, d'abandonner les entrepôts d'Alep pour ceux de Smyrne et de Constantinople, lui redemande aujourd'hui une partie des approvisionnements de l'Asie Mineure, de l'Irak-Adjemi, du Kurdistan et de quelques provinces persanes.

L'Angleterre, qui profite habilement des circonstances, a considérablement augmenté dans ces dernières années l'envoi de ses tissus dans cette échelle. Alep en consomme au plus la dixième partie; mais ses commerçants réexpédient le reste sur Bagdad, Mossoul, Merdin, Orfa, Marasch et Satalieh. Les cotons filés d'Angleterre ont remplacé en Syrie ceux que les caravanes y apportaient de l'Inde.

La fabrication des tissus de cotons fins et des tissus de soie occupait, il y a vingt-cinq ans, 10,000 métiers à Alep; elle n'en employait que 2,200 en 1835. Le bon marché des tissus anglais est la principale cause de cette décadence. Cependant les familles aisées du pays préfèrent pour leur usage les tissus syriens aux tissus anglais, qu'elles trouvent moins beaux et moins solides.

Les tableaux que je présente plus loin, des importations et des exportations d'Alep dans les années 1836 et 1837, prouvent que cette ville est encore aujourd'hui une des places de commerce les plus importantes du Levant, et font prévoir le rôle actif qu'elle jouera dans les relations commerciales qui, sous les auspices de la vapeur, s'établiront entre l'Occident et l'Orient, lorsque, de la Méditerranée jusqu'au sein des provinces asiatiques, sera tracée cette route de l'Euphrate qui doit profiter non-seulement à l'Angleterre, mais à tous les peuples commerçants, d'après le droit imprescriptible des nations.

Aujourd'hui, déjà, trente maisons de commerce d'Alep, appartenant à des chrétiens et possédant ensemble un capital d'environ 18,000,000 de piastres ou 4,500,000 francs, font, avec la France, l'Angleterre, l'Allemagne et l'Italie, un commerce très-étendu et qui augmente chaque année.

Sept de ces maisons possèdent chacune un capital qui dépasse 1,000,000 de piastres. La plus riche est celle de M. *Fatalla Cubbe*, dont on porte le capital à 4,000,000 de piastres.

Soixante-dix maisons appartenant à des musulmans font aussi un commerce considérable avec l'Europe. La plus riche de ces maisons est celle de *Hadji Mosa Muaket*, dont le capital est estimé à 1,000,000 et demi de piastres. La moins riche a un capital de 100,000 piastres ou 25,000 francs.

On estime à 8,000,000 de piastres le capital musulman engagé dans le commerce européen.

Quinze autres maisons musulmanes, sans entretenir des relations directes avec l'Europe, font le commerce dans les articles qui en proviennent.

Dix maisons israélites font des affaires avec l'Europe et possèdent ensemble un capital de 3,000,000 de piastres. La plus riche a seule 1,000,000 engagé dans le commerce.

Outre ces divers comptoirs, il existe à Alep plusieurs riches banquiers, dont on ne peut évaluer la fortune, et une foule de négociants de Bagdad, de

Mossoul, du Diarbekir, d'Orfa, de Constantinople et de Smyrne, qui sont établis dans cette place de commerce.

Dix-neuf maisons tiennent des draps de France et de Belgique.

Soixante-dix maisons tiennent des produits manufacturés de fabrication anglaise.

Des commerçants anglais s'y sont établis en 1832 pour la première fois, et il s'y trouve aujourd'hui une vingtaine de maisons de commerce de cette nation, qui font des affaires non-seulement avec Alep et ses environs, mais encore avec le Diarbekir, avec la Perse et les contrées situées sur l'Euphrate inférieur et sur le golfe Persique.

L'Autriche compte à Alep 12 maisons de commerce, la France 3 et la Sardaigne 2.

Le commerce européen y est protégé par 9 consuls qui représentent les nations les plus commerçantes de l'Europe.

La commission du courtier, qui est d'un pour cent, est généralement à la charge du vendeur.

Les ventes se font toujours à 4 mois de crédit; mais ce terme se prolonge souvent jusqu'à 8, 10 ou 12 mois, et même au delà, si l'acheteur est d'une solvabilité reconnue.

Les payements se font en monnaie turque ou en monnaie européenne. On trouve très-difficilement du papier sur l'Europe.

On fait, pour le déchet, une déduction de 2 pour 100 sur le sucre et sur le café, de 10 pour 100 sur le poivre, et de 5 pour 100 sur l'indigo et sur la cochenille.

Dans la vente des noix de galle, l'acheteur paye le courtage et obtient en compensation, pour le déchet, une déduction de 5 pour 100.

Le coton, la laine et la soie se vendent sans déduction.

Parmi les articles de commerce les plus demandés, il en est une foule que l'Angleterre ne peut fournir, et dont quelques-uns méritent de fixer l'attention de nos industriels. Ces articles sont les suivants :

Draps et casimirs. La France envoie une quantité considérable de ces articles à Alep, tandis que l'Angleterre ne peut lui en fournir.

Acier. On préfère celui que l'Allemagne fournit par la voie de Trieste, comme étant meilleur et moins cher que celui d'Angleterre.

Papier à écrire et papier d'emballage. C'est principalement l'Italie qui fournit cet article au commerce d'Alep. La France lui envoie aussi une certaine quantité de papier d'emballage.

Les papiers anglais, quoique de meilleure qualité que ceux d'Italie et de France, sont exclus du commerce syrien à cause de l'élévation de leur prix.

Velours de satin et de soie. Gênes et Livourne fournissent cet article.

Velours de coton. On les tire de Lyon.

Batistes. La Suisse les fournit à 7 pour 100 meilleur marché que l'Angleterre.

Mouchoirs pullicate. On les reçoit de la France

et de la Suisse à 12 pour 100 meilleur marché que ceux de l'Écosse.

Nankins rayés et unis. Les nankins suisses sont préférés à ceux des autres nations pour le prix et pour la qualité.

Manufactures d'Alep.

Alep voit fleurir dans son sein une foule de manufactures dans toutes les branches d'industrie. On y comptait, en 1838, jusqu'à 30 manufactures de savon, et à Édlip à peu près la moitié de ce nombre. Ces fabriques emploient mille ouvriers, dont le salaire est de 5 à 10 piastres par jour (1 franc 25 — 2 francs 50).

La quantité de savon produit varie de 500 à 1500 tonneaux annuellement, selon la récolte d'huile. En 1838, on fabriqua 1,500 tonneaux de savon.

Le prix de vente a été, dans la même année, de 2,000 piastres par tonneau; elle a donc produit 3,000,000 de piastres.

Les fabricants de savon d'Alep ne fournissent pas seulement la Syrie septentrionale, mais encore Bagdad, Mossoul, Merdin, Diarbekir, Orfa, Marasch, Aïntab et les contrées voisines de toutes ces places.

Le savon se vend au comptant, et on le place aisément.

La fabrication d'étoffes, pour laquelle Alep jouit d'une grande réputation en Orient, se continue sur une grande échelle. Elle consiste en étoffes de soie avec des fils d'or et d'argent, ou étoffes de soie et

coton rayées et avec différents dessins et en étoffes
de coton pur, nommées nankins.

Les fabriques qui travaillent l'or et l'argent sont
généralement belles, élégantes et riches. Un nombre
considérable d'enfants y sont employés pour aider
les fileurs et les tisserands. La plupart de ces enfants appartiennent au culte chrétien, et sont re-
marquables par leur vivacité et leur intelligence.
Ils jouissent d'une santé robuste et sont, en général,
beaux et bien constitués. Ils gagnent de 5 à 10 piastres
par jour.

Il y a maintenant à Alep environ 4,000 métiers en
activité; 4,800 personnes, hommes et enfants, sont
employées à ces métiers et gagnent de 3 à 12 piastres
par jour.

De ces 4,000 métiers 300 produisent des étoffes
de soie et d'or ou d'argent brochées, et fabriquent
annuellement environ 6,000 pièces qui, évaluées à
150 piastres chacune, donnent un total de
900,000 piastres. 900,000

1,700 métiers sont employés à la fabrication des étoffes de soie et coton,
et produisent annuellement environ
340,000 pièces. Le prix de la pièce est
de 40 piastres. 13,600,000

1,000 métiers sont employés à la
fabrication d'étoffes de coton et en
produisent annuellement environ

A reporter. 14,500000,

Report. 14,500,000

500,000 pièces; le prix de la pièce
est de 12 piastres. 6,000,000

Enfin 1,000 métiers sont employés
à faire des mousselines grossières qui
reçoivent des impressions; ils occu-
pent environ 1200 personnes moins
bien payées que les autres ouvriers,
et produisant annuellement environ
500,000 pièces valant chacune 10 piastres. 5,000,000

Total. 25,500,000

Ainsi le produit annuel des métiers d'Alep
peut être évalué à 25,500,000 piastres, ou à
6,125,000 francs.

Ces étoffes se répandent par tout l'Orient, au
nord et au midi, et forment une des grandes branches du commerce d'Alep, qui prend chaque jour
de plus grands développements.

La teinturerie est fort avancée à Alep, les couleurs sont vives et durables.

On compte dans cette ville environ 100 teintu-
reries et imprimeries d'étoffes, qui emploient de
de 1500 à 1600 individus, gagnant par jour de 5 à
14 piastres.

15 manufactures de fils d'or et d'argent emploient 60 personnes qui gagnent par jour de 5 à
20 piastres.

La plus grande partie de ce produit s'emploie pour

les plus riches étoffes d'Alep; une petite quantité s'exporte à Bagdad et dans d'autres places de l'Asie.

Caravanes.

Les caravanes entre Alep et les ports d'Alexandrette et de Latakié varient de 10 à 100 mules ou chameaux.

Les routes sont continuellement fréquentées par des muletiers, de sorte qu'on trouve toujours de nombreuses occasions pour l'expédition des marchandises.

Les routes qui conduisent à Mossoul, à Diarbekir, à Bagdad, etc., ne sont pas aussi fréquentées; le transport s'y fait de la même manière, mais avec cette différence que les caravanes sont accompagnées des marchands dont elles transportent les marchandises.

Il est à désirer, dans l'intérêt du commerce, que des communications s'établissent sur l'Euphrate entre la Syrie et l'intérieur de l'Asie, et qu'un chemin de fer relie ce fleuve à la Méditerranée. Le commerce par caravanes est soumis à de trop graves et trop nombreux inconvénients, il est trop incertain, trop coûteux et trop borné, pour pouvoir suffire aux nouvelles et immenses transactions qui se préparent aujourd'hui entre l'Europe, l'Asie et l'Afrique. Ce commerce ne peut, en effet, consister qu'en matières de prix et d'un poids léger, telles que les épices, l'encens, les étoffes, les cachemires, les pierres fines et les métaux précieux. Les matières encombrantes ou d'un grand poids, telles que le riz, le sucre, le café et les liquides en général, ne peuvent pas être chargées, à moins qu'en très-petite quantité, sur le chameau, ce navire du désert, comme l'appellent les Arabes.

Deux grandes caravanes partent tous les ans de Bagdad pour la Syrie, l'une, composée principalement de pèlerins, se rend à Damas en automne; l'autre, composée de marchands, se dirige sur Alep, au printemps.

Le nombre des individus qui font partie de ces caravanes varie de 10,000 à 30,000, et le nombre des bêtes de somme s'élève de 800 à 1,000, pour la caravane de marchands, et de 1,200 à 1,500 pour la caravane de pèlerins.

Dans certaines années, ces caravanes présentent un chiffre de 3,000 et même de 4,000 bêtes de somme, tant mules que chameaux.

Le prix du transport des marchandises de Bagdad à Alep et à Damas varie de 350 à 400 piastres par cantar.

Liste des articles qui sont importés de Bagdag à Alep et à Damas.	Liste des articles qui sont exportés d'Alep et de Damas à Bagdad.
Indigo de l'Inde orientale.	Papier de tout genre.
Tombac.	Plomb en saumons.
Perles.	Toiles.
Châles (Cachemire et Perse).	Châles anglais imités.
Café de Moka.	Cotons manufacturés en général
Cuirs de buffle.	Coton tissé.
Bois de Fernambouc.	Acier.
Mousselines dites madapolams de l'Inde orientale.	Corail.
Mousselines brodées de l'Inde orientale.	Fer.
	Coutellerie d'Allemagne.
Dents d'éléphant.	Limes, épingles et aiguilles.
Gomme albanum.	Armes à feu.
— ammoniac.	Chrysocale d'Allemagne.
Bois de cerisier pour pipes.	Miroiterie.
Safran de Perse.	Cochenille.
Gomme adragante.	Bois St-Martha.
Assafætida.	Draps fins.
Toiles blanches de l'Inde orientale.	Bonnets de laine.
	Étain en barres.
Dattes.	Soufre.
Galles.	Assiettes d'étain.
	Galons d'or et d'argent.

Communications d'Alep avec la côte et l'intérieur pour les marchandises.

Alep est situé à environ 24 lieues de la mer, à Sayde, à 35 d'Alexandrette et à 40 de Latakié.

Toutes les marchandises en destination pour Alep sont débarquées dans l'un ou l'autre de ces deux derniers ports, les seuls abordables à portée de cette place.

Les gros navires sont forcés d'aborder à Alexandrette, qui offre une rade plus sûre et plus vaste que Latakié. Ce dernier port n'est accessible qu'aux petits navires tirant 12 à 14 pieds d'eau, depuis que l'entrée en a été presque obstruée par les débris d'un ancien fort tombé en ruines. Comme le climat de cette échelle est plus doux et plus sain que celui d'Alexandrette, la ville plus peuplée et la route d'Alep plus sûre, bien que plus difficile et plus longue, les navires qui peuvent y pénétrer la fréquentent de préférence.

Le transport des marchandises d'Alexandrette et de Latakié à Alep, et *vice versâ*, se fait à dos de chameaux et de mules.

En hiver, les chameaux font le trajet d'Alep à Alexandrette en   7 ou 8 jours.

Les mules en   5 ou 6

En été, les chameaux le font en 5 ou 6

et le mules en   4 ou 5

Le prix du transport varie de 60 à 120 piastres (15 à 25 fr.) par cantar de 187 okes (environ 280 kil.).

Le voyage de Latakié demande deux ou trois jours de plus, et le prix en est plus élevé de 30 à 50 pour 0/0.

On se procure plus facilement des chameaux à Alexandrette, à cause du voisinage des Turcomans, qui sont de grands propriétaires de ces bêtes de somme.

Au reste, les routes entre Alep et les deux échelles susdites sont très-fréquentées par de petites caravanes, qui varient de 20 à 100 mules ou chameaux.

Tableau des importations d'Alep en 1835.

Le commerce d'Alep reçut, par Lataiké et Alexandrette, en 1835, des marchandises venant d'Angleterre, de France et d'Italie (Toscane et Sardaigne) pour la valeur de 7,343,700 fr. Les exportations de cette ville commerçante, pour les mêmes États européens, se sont élevées à 3,279,200 fr.

Les principaux articles des importations françaises consistaient en :

Tissus pour une valeur de		644,500 fr.
Cochenille	—	168,000
Sucre	—	148,000
Café	—	116,000
Objets divers	—	401,700

Les exportations pour la France se composaient principalement de :

Noix de galle,	750,000 fr.
Coton en laine,	254,000
Soie,	250,000
Matières d'or et d'argent,	119,000
Objets divers,	44,900

Tableau des importations d'Alep dans les années 1836 et 1837.

La valeur des importations d'Alep s'est élevée à la somme de 50,825,890 piastres, répartie entre les États européens suivants :

Angleterre,	36,606,425
France,	7,132,090
Italie,	5,063,375
Allemagne,	2,024,000

Les importations d'Angleterre se composaient des articles suivants :

Sucre,	397,800
Café,	503,920
Indigo,	1,800,000
Cochenille,	396,000
Couperose,	2,278,000
Cuivre et étain,	240,890
Poivre,	115,665
Piment,	14,600
Sel ammoniac,	61,250
Riz,	48,600
Coton filé,	7,854,000
Tissus de coton,	2,040,080
Objets manufacturés,	21,400,000

Les importations de France consistaient dans les articles suivants :

Sucre,	528,000
Café,	664,550
Cschenille,	1,081,500
Tarbouches (fabriqués à Tunis),	1,280,000
Poivre,	48,600
Piment,	46,440
Indigo,	40,000
Étoffes de soie de Lyon,	175,000
Papier d'emballage,	84,000
Draps,	3,184,000
Produits manufacturés,	

Les importations d'Italie se composaient des marchandises suivantes :

Sucre,	103,800
Café,	202,230
Tarbouches,	1,785,000
Poivre,	39,105
Piment,	10,440
Indigo,	110,000

Corail,	300,000
Cochenille,	880,000
Papier,	132,000
Quincaillerie,	1,500,000

Les importations d'Allemagne se composaient des articles suivants :

Draps,	440,000
Tarbouches,	782,400
Verroterie,	50,000
Quincaillerie,	752,000

Alep a consommé la moitié des marchandises comprises dans les importations qui précèdent, et ses commerçants ont dirigé l'autre moitié vers les villes voisines et vers les marchés éloignés que cette place est dans l'habitude d'approvisionner, tels que Bagdad, Mossoul, Merdin, Orfa, Marasch et autres parties de l'Asie avec lesquelles elle fait un grand commerce par caravanes.

Tableau des marchandises de fabrication anglaise importées à Alep par le commerce anglais, dans les années suivantes.

	1830.	1831.	1832.	1833.	1834.	1835.	1836.	1837.
	Piastres,	Piastres.	Piastres.	Piastres.	Piastres.	Piastres.	Piastres.	Piastres.
Tissus.	4,000,000	4,200,000	7,500,000	4,600,000	3,700,000	1,400,000	1,800,000	4,900,000
Cotons filés.	1,060,000	1,400,000	1,480,000	1,700,000	2,300,000	2,200,000	2,600,000	2,250,000
Cotons blancs.	1,800,000	2,000,000	1,500,000	1,550,000	2,100,000	2,900,000	3,500,000	1,500,000
Châles.	700,000	650,000	600,000	580,000	700,000	800,000	900,000	480,000
Monsselines.	325,000	400,000	595,000	850,000	610,000	535,000	560,000	235,000
Cotons imprimés. . .	1,530,000	1,200,000	1,200,000	2,500,000	3,300,000	1,725,000	2,000,000	1,500,000
Do. mouchoirs. . . .	90,000	180,000	160,000	180,000	230,000	740,000	870,000	270,000
Toiles.	»	»	»	»	»	»	200,000	»
Etain en feuilles. . .	10,000	15,000	20,000	33,500	25,500	36,500	37,500	10,590
Do. en barres. . . .	105,000	60,000	225,000	120,000	180,000	318,000	240,000	186,000
Sucre.	96,000	54,000	72,000	36,000	24,000	228,000	480,000	490,000

Le commerce anglais a importé à Alep, dans les mêmes années, les denrées coloniales suivantes.

	1830.	1831.	1832.	1833.	1834.	1835.	1836.	1837.
	Piastres.	Piastres.	Piastres.	Piastres.	Piastres.	Piastres.	Piastres.	Piastres.
Cochenille.	525,000	637,000	915,000	780,000	915,000	1,050,000	975,000	1,050,000

CHAPITRE VI.

Damas.

Damas, que l'on peut regarder comme l'une des plus anciennes villes du monde, puisqu'il en est déjà fait mention dans l'histoire d'Abraham, occupe encore la même place qu'au temps de ce vénérable patriarche. Ninive, Babylone, Memphis et tant d'autres capitales fameuses dans l'antiquité, dont Damas était contemporaine, ne sont plus, depuis plus de deux mille ans, que des noms sur des ruines, et cette vieille cité brille encore d'un imposant éclat. Sans avoir jamais atteint ni la célébrité, ni l'étendue de ses illustres contemporaines, non-seulement elle leur a survécu, mais elle est encore devenue l'une des villes les plus belles, les plus riches et les plus commerçantes de l'Orient.

Damas est située au milieu d'une plaine très-étendue et très-fertile, couverte de figuiers, d'amandiers, d'abricotiers, de poiriers, de cerisiers, de vignes, d'orangers, de sycomores et d'une multitude d'autres arbres odoriférants, qui forment comme une forêt magnifique autour de ses ramparts de marbre, flanqués d'innombrables tours carrées. Du milieu de cette forêt s'élèvent les nombreuses coupoles des mosquées et des palais de la ville avec les kiosques, dorés ou peints, des jardins qui entourent en grand nombre cette riche cité, à plusieurs milles de distance. Tous ces jardins, tous ces vergers, toute cette riante vallée enfin, sont arrosés par une rivière (le Barradi) divisée en sept branches, qui arrosent la plaine à droite et à gauche et donnent à la végétation une beauté et une fraîcheur admirables.

Ce n'est donc pas sans raison que les Arabes regardent Damas comme un de leurs quatre paradis terrestres, et que les Orientaux, en général, lui donnent le nom de *perle entourée d'émeraudes*. « Je comprends, dit M. de Lamartine, qui a joui du spectacle de cette cité, que les traditions arabes placent à Damas le site du paradis perdu : aucun lieu de la terre ne rappelle mieux l'Eden. »

Quoique ce même voyageur évalue la population de Damas de trois à quatre cent mille âmes, et celle de tout son territoire à un million, y compris celle de la ville, je suis néanmoins porté à croire que le nombre des Damasquins ne dépasse pas cent soixante mille âmes. Lorsque M. de Lamartine a *jugé de l'œil* la population de Damas, en quittant cette ville, il n'a pas tenu compte de la caravane qui était arrivée deux ou trois jours auparavant et qui avait, sans doute, contribué à augmenter ce mouvement et cette foule de peuple que le célèbre voyageur remarquait partout sur son passage, dans les rues et dans les bazars.

« La population fanatique de Damas et des pays environnants, dit encore M. de Lamartine, exige des précautions de la part des Européens qui se hasardent à visiter cette ville.

« Seuls parmi les Orientaux, les Damasquins nourrissent de plus en plus la haine religieuse et l'horreur du nom et du costume européen ; seuls ils se sont refusés à admettre les consuls des puissances chrétiennes. Damas est une ville sainte , fanatique et libre , rien ne doit la souiller. L'arrivée d'un européen en costume franc serait le signal d'une sédition. »

Comme ville sainte, Damas est le rendez-vous général de 40 à 50 mille pèlerins qui s'y rassemblent de tous les points de l'empire ottoman, de l'Égypte, de la Perse et du Turkestan , pour faire le pèlerinage de la Mecque , où ils se rendent en caravane à la fin du mois de *Ramadan*. Lorsque M. de Lamartine se trouvait à Damas, en avril 1833, la caravane de Bagdad y arriva le 2 de ce mois ; elle était composée de 3,000 chameaux ; elle campait aux portes de la ville.

Cette affluence de tant d'étrangers à Damas et le séjour plus ou moins long qu'y font plusieurs milliers d'entre eux ont donné un grand essor au commerce de cette ville et en ont fait une des places les

plus commerçantes de l'Orient. Cette grande caravane de pèlerins fut toujours un moyen d'exploiter
une branche de commerce très-lucrative. « Presque
tous les pèlerins, dit Volney, en font un objet de
spéculation. En partant de chez eux, ils se chargent
de marchandises qu'ils vendent sur la route ; l'or
qui en provient, joint à celui dont ils se sont munis
chez eux, est transporté à la Mecquee, et là il s'é-
change contre les mousselines et les indiennes du
Malabar et du Bengale, les châles de Cachemire,
l'aloès de Tunquin, les diamants de Golconde, les
perles de Barhaïn, quelque peu de poivre et beaucoup de café d'Yemen. »

Damas, si renommée jadis par ses fabriques d'armes, qu'elle livrait au commerce de tout l'Orient
et qui étaient même fort recherchées en Europe, ne
voit plus fleurir aujourd'hui dans ses murs cette
branche d'industrie, dont ses armuriers n'ont pu
retrouver le secret, depuis que Tamerlan transporta
ses fabricants à Samarcande, au commencement du
xve siècle.

Mais si Damas a perdu la renommée qu'elle devait à sa fabrication de sabres, elle se distingue
encore par ses manufactures d'étoffes d'or et de soie,
que le luxe des Omniades lui avait léguées, par ses
fabriques d'ouvrages en nacre, véritables chefs-
d'œuvre en ce genre, et par sa fabrication d'essence
de rose, la meilleure du Levant.

C'est aussi la ville de l'Orient où l'on fait le plus
grand commerce de livres manuscrits.

Damas fut autrefois pour la Syrie, l'Arabie et la Mésopotamie le centre d'une grande activité commerciale. Elle formait un riche et vaste entrepôt, où les Européens allaient s'approvisionner de toutes les marchandises asiatiques expédiées dans ses murs par de nombreuses caravanes de 15 à 30 mille individus, Turcs, Persans, Tartares, Égyptiens, Maures et Barbaresques; car, outre la grande caravane de pèlerins qui se rend une fois chaque année à la Mecque, il y avait d'autres caravanes de marchands, moins nombreuses, qui partaient de Damas, comme elles le font encore aujourd'hui, pour la ville de Bagdad, où elles arrivaient trois ou quatre fois annuellement. Sans doute, le pillage et la destruction que Damas éprouva de la part de Tamerlan anéantirent pour quelque temps ce marché et toutes ses relations extérieures; mais, favorisée par une position qui lui offre une foule d'avantages, et sollicitée par les besoins du commerce, elle dut se relever promptement, puisque, dans le xve siècle, on y voit des comptoirs fondés et dirigés par des Vénitiens, des Génois et des Catalans, sous la protection de consuls établis par ces nations.

Il est vraisemblable que les Français y faisaient également de grandes affaires, puisque Labroquière atteste, dans la relation de son voyage en Syrie, fait en 1432, qu'il y vit le célèbre Jacques-Cœur, qui n'était encore, à cette époque, que simple marchand, et qui méditait sans doute les moyens d'amasser cette immense fortune qui devait plus tard contribuer à reconquérir la France à Charles VII.

Lorsque les marchandises de l'intérieur de l'Asie étaient arrivées à Damas, d'autres caravanes les transportaient, avecc elles de cette ville, dans l'Asie Mineure, dans les ports de la Méditerranée, à Seyde, à Scanderoun, à Tripoli, et surtout à Beyrout, qui était le port naturel de Damas, et où se vendaient, comme encore aujourd'hui, les bois de construction, les soies, les cotons et autres marchandises de la Syrie.

Les Vénitiens avaient à Damas, en 1403, des comptoirs considérables. Le maréchal de Boucicaut les livra au pillage, et causa, par cet événement, des pertes immenses au commerce de Venise.

Aujourd'hui, Damas est encore, comme je l'ai dit plus haut, une des villes les plus commerçantes et les plus florissantes de l'Asie. Les bazars y sont abondamment pourvus de marchandises asiatiques et européennes, surtout d'étoffes des Indes. «Chaque genre de commerce et d'industrie, dit M. de Lamartine, a son quartier à part.

Les selliers sont les plus nombreux et les plus ingénieux ouvriers de ces bazars. Rien n'égale, en Europe, le goût, la grâce et la richesse des harnais de luxe qu'ils façonnent pour les chevaux des chefs arabes ou des agas du pays.

Les brides, infiniment plus élégantes que les nôtres, sont toutes de maroquin de diverses couleurs, et décorées de glands de soie et d'or, comme les colliers de maroquin rouge qui tombent en franges sur le poitrail, ornés de glands d'argent et de touffes de perles. Tous ces objets sont, comparativement avec l'Europe, à très-bas prix. J'ai acheté deux de ces brides pour 120 piastres les deux (environ 30 francs).

La grande industrie est celle des caisses et des coffres en cèdre, avec des ornements et des clous en or pour serrer les hardes et les bijoux.

Au milieu du bazar de Damas, qui a environ une demi-lieue de long, je trouve le plus beau han de l'Orient, le han d'Hassad-Pacha. C'est une immense coupole dont la voûte hardie rappelle celle de Saint-Pierre-de-Rome; elle est également portée sur des piliers de granit. Derrière ces piliers, sont des magasins et des escaliers conduisant aux étages supérieurs où sont les chambres des négociants. Chaque négociant loue une de ces chambres, et y tient ses marchandises précieuses et ses livres. Des gardiens veillent jour et nuit à la sûreté du han; les grandes écuries sont à côté, pour les chevaux des voyageurs et des caravanes; de belles fontaines jaillissantes rafraîchissent le han; c'est une espèce de bourse de commerce de Damas. »

Les marchandises européennes sont ordinairement vendues à crédit au commerce de Damas par les importateurs; mais les consommateurs les achètent au comptant dans les bazars. Les caravanes des marchands qui font des opérations sur une grande échelle avec cette place ne payent, le plus souvent, qu'à leur retour de l'année suivante. Un grand nombre de commerçants de Perse, de Mésopotamie et d'autres contrées voisines, qui jouissent d'un haut crédit à Damas, sont réputés pour l'exactitude et la régularité qu'ils apportent dans leurs payements.

Le commerce de Damas avec l'intérieur de l'Asie est en voie de progrès et promet de prendre toute l'extension dont il est susceptible.

On compte à Damas 66 maisons de commerce musulmanes qui font des affaires avec l'Europe, et dont le capital collectif engagé dans le commerce est estimé à environ 25 millions de piastres.

Huit de ces maisons passent pour avoir chacune un million.

Deux, celles d'*Abderrahman Azim* et de *Mohammed Saïd aga Bagdadi*, qui font un grand commerce avec la ville de Bagdad, sont riches, dit-on, chacune de deux millions.

Une, la maison *Hadji Hussein Chertifchi*, a un capital que l'on porte à 2 millions 1⁄2.

Les maisons les plus importantes font, en général, le commerce avec l'Europe et avec Bagdad ; les moins considérables entretiennent des relations avec Constantinople et Smyrne.

Une douzaine de ces maisons font des affaires avec l'Égypte et correspondent avec le Caire et Alexandrie. Enfin une des principales maisons étend ses relations jusque dans les Indes orientales.

Les négociants de Damas qui font le commerce avec l'étranger sont au nombre de trente, et possèdent collectivement un capital d'environ cinq millions de piastres.

La plus riche de ses maisons est celle de *Hanah-Hanouri*, dont on porte le capital à près de deux millions. Ce commerçant fait de grandes affaires avec l'Angleterre, la France et l'Italie. M. Hanouri est aussi l'un des plus grands fabricants d'étoffes de Damas.

Plusieurs autres négociants de cette même famille, qui font également un grand commerce avec l'Europe, jouissent d'une fortune assez considérable.

Parmi les négociants de Damas engagés dans le commerce étranger, les israélites sont les plus riches et les plus opulents. On compte vingt-quatre maisons juives, dont le capital collectif est évalué à dix-huit millions de piastres. Neuf de ces maisons possèdent environ un million et demi chacune. Les plus riches de ces négociants sont *Mourad-Farhi* et *Nassim-Farhi*, dont le capital commercial s'élève à deux millions de piastres.

La plupart des maisons de commerce israélites de Damas font de grandes affaires avec l'Angleterre.

Indépendamment des maisons musulmanes, chrétiennes et israélites que je viens de mentionner, la ville de Damas compte 108 petits marchands qui tiennent des articles européens. On estime à 2 millions de piastres le capital de tous ces détaillants réunis.

Quinze maisons vendent en détail des draps en

laine. Leurs capitaux réunis s'élèvent à environ 800,000 piastres, ou 200,000 francs.

Quatorze maisons musulmanes fabriquent des étoffes de Damas. On porte leur capital collectif à 700,000 piastres, ou 175,000 fr. Les deux plus riches de ces manufactures appartiennent à des derviches. Un assez grand nombre de ces religieux tiennent aussi des magasins dans les bazars, mais ils ne sont pas visités par un plus grand nombre d'acheteurs que les autres marchands, bien qu'ils jouissent d'une grande réputation de sainteté.

Les épiciers et les droguistes sont fort nombreux à Damas.

Enfin, 45 maisons chrétiennes fabriquent des étoffes de Damas. La plus riche de ces maisons est supposée avoir un capital de 20,000 fr., et la moins riche un capital de 7,000 fr.

Tableau des importations anglaises à Damas, dans les années 1836 et 1837.

1836.	Sucre en pain raffiné,	okes.	121,447
—	Couperose,	»	3,914
—	Indigo,	»	10,205
—	Piment,	»	3,118
—	Poivre,	»	23,470
—	Étain en barres,	»	4,503
—	Cochenille,	»	7,434
—	Café de Moka et des colonies,	»	75,122
—	Sel ammoniac,	»	1,128
—	Coraux,	»	45
—	Coton retors,	»	115,622

1836. Toiles longues,	pièces.	32,981
— — imprimées,	»	36,095
— Draps en laine,	»	6,401
— Mousselines,	»	29,088
— Riz,	caisses de 49 rotoles.	13,500
— Papier à écrire,	rames.	19,299
— — pour emballage,	»	5,940
— Bonnets rouges,	douzaines.	15,142
— Étain en feuilles,	caisses.	106
— Fer,	cantars.	328
1837. Sucre en pain raffiné,	okes.	112,722
— Couperose,	»	12,239
— Indigo,	»	4,728
— Piment,	»	3,534
— Poivre,	»	27,247
— Étain en barres,	»	5,055
— Cochenille,	»	11,644
— Café de Moka et des colonies,	»	86,220
— Sel ammoniac,	»	3,794
— Coraux,	»	167
— Coton retors,	»	137,510
— Toiles longues,	pièces.	35,952
— — imprimées,	»	30,537
— Draps en laine,	»	2,819
— Mousselines,	»	25,409
— Soieries de Lyon,	»	1,101
— Riz,	caisses de 40 rotoles.	12,500
— Papier à écrire,	rames.	10,540
— — pour emballage,	»	2,436
— Bonnets rouges ou tarbouches.	douzaines.	11,291
— Étain en feuilles,	caisses.	169

CONCLUSION.

On a pu se convaincre, par les détails renfermés
dans les chapitres qu'on vient de lire, que la Syrie
offre encore aujourd'hui, par les précieux produits
qu'elle tire de son propre sol ou qu'elle reçoit de
l'intérieur de l'Asie, un riche aliment et une source
abondante de transactions au commerce des nations
industrielles de l'Europe Les tableaux d'importation et d'exportation que j'ai présentés prouvent
qu'il existe encore dans cette contrée de l'Orient un
mouvement commercial très-vaste, et qui doit s'ac-
croître chaque jour davantage. A l'aspect de ce mouvement remarquable de l'industrie sur les rivages
syriens et des richesses que promettent les contrées
de l'Asie au commerce de l'Occident, l'écrivain pa-
triote se réjouit; mais un sentiment de tristesse suc-
cède involontairement à sa joie, s'il voit son propre
pays négliger d'aussi importantes ressources et les

habitudes d'une aveugle routine maintenir encore captif cet essor qui se manifeste de toutes parts.

Jusqu'ici les Belges n'ont pas assez dirigé leur attention du côté du Levant, et particulièrement du côté de la Syrie, où ils pourraient cependant placer avantageusement les produits de leur industrie manufacturière et en exporter des matières brutes pour leurs fabriques. La Belgique a, pour le commerce et l'industrie, des avantages que ne possèdent point d'autres nations puissantes et plus commerçantes : l'économie de la main-d'œuvre, l'abondance du fer et du charbon de terre, ces deux matières premières, si précieuses depuis que la vapeur est devenue le grand agent de l'industrie manufacturière; la richesse de son sol, l'habileté de ses fabricants, la facilité et la rapidité de ses communications intérieures, etc. Qu'elle sache se prévaloir de tous ces avantages que la nature a refusés à tant d'autres peuples; qu'elle étende la sphère de son activité commerciale en Orient, qu'elle y porte l'essor de son industrie, et y forme des dépôts de ses marchandises à l'exemple des autres nations commerçantes de l'Europe. Dans le commerce, le bon marché est la grande raison de préférence, et la Belgique peut toujours la faire pencher de son côté pour une foule de produits de son industrie manufacturière.

Le gouvernement a déjà fait et ne cesse de faire de grands efforts pour ouvrir aux produits nationaux des débouchés avantageux en Orient; des traités de commerce ont été conclus avec les États musulmans, sous la protection desquels les Belges peuvent prendre, en Asie, une belle position commerciale; mais ils doivent se résoudre, à l'exemple des autres nations européennes, à former des établissements de commerce, à fonder des comptoirs enfin, en Syrie, en Turquie et partout où leurs produits peuvent trouver un placement avantageux. Quoi! l'Autriche, l'Angleterre, la France, la Sardaigne ouvrent à leurs produits de nouveaux débouchés, accroissent tous les jours leur commerce extérieur, établissent, au sein de la Syrie, des maisons nationales et de grands dépôts de marchandises; chaque année, les bazars d'Alep, remplis de produits orientaux, achetés aux caravanes parties du Diarbekir, de la Perse ou d'autres contrées de l'Asie, échangent ces richesses contre une foule de produits européens envoyés par les nations occidentales, et la Belgique, que la perfection de ses fabricants place au premier rang des peuples industriels du monde, qui voit ses magasins encombrés de marchandises dont la quantité augmente tous les jours, et dont la qualité est vraiment supérieure; la Belgique ne recherche ni un mode nouveau d'expédition, ni des lieux propres à l'établissement de dépôts de produits nationaux, de succursales de ses principales maisons de Gand, de Liége et d'Anvers; elle seule ne traite que par l'entremise des commissionnaires, comme une nation placée au dernier rang dans l'ordre commercial et industriel; elle n'a jusqu'ici fondé sur les rives de l'Euphrate, pas plus que sur d'autres points du globe, aucun de ses établissements de commerce, aucun de ses magasins si encombrés de produits nationaux et de denrées coloniales. Jusques à quand durera cette apathie si préjudiciable à un peuple industriel et laborieux? Jusques à quand une nation, qui produit d'une manière si admirable, se résignera-t-elle à n'envoyer dans les pays éloignés ses marchandises que par l'intermédiaire d'agents étrangers, qui absorbent la plus grande partie de ses bénéfices? Le moment est venu de secouer cette apathie indigne d'un peuple commerçant. Je le dis dans toute la sincérité de ma conviction, après avoir fait une étude approfondie des ressources offertes par l'Orient et des nombreux moyens que possède la Belgique pour y ouvrir à ses produits d'utiles et larges débouchés : IL N'Y A PAS DE TEMPS A PERDRE. Puissent mes vœux être entendus! Commerçants belges, il ne s'agit ici ni d'un système politique, ni d'une opinion, ni d'une théorie; ce sont vos intérêts les plus positifs qui s'agitent, et aujourd'hui c'est dans leurs intérêts bien entendus que les nations trouvent le secret de leur force, de leur fortune, de leur grandeur.

TABLE DES MATIÈRES.

	Pages.
Dédicace.	5
Introduction.	9
CHAP. Ier. — Aspect de la Syrie. — Fertilité et productions du sol.	17
CHAP. II. — Aperçu historique du commerce ancien de la Syrie.	26
CHAP. III. — Commerce d'échanges et population de la Syrie.	44
CHAP. IV. — Échelles ou ports de Syrie.	49
Beyrout.	49
Alexandrette.	55
Latakié.	56
Tripoli.	56
Saint-Jean-d'Acre.	57
Caïffa.	57
Jaffa.	58
CHAP. V. — Alep.	60
Manufactures d'Alep.	68
CHAP. VI. — Damas.	79
Conclusion.	90

www.ingramcontent.com/pod-product-compliance
Ingram Content Group UK Ltd.
Pitfield, Milton Keynes, MK11 3LW, UK
UKHW020928120726
13693UKWH00003B/1195